「ごちそうさま！」「またつくってね！」から生まれた

保育現場ですぐに役立つレシピ集

佐井　かよ子／伴　亜　紀

はじめに

　この度、長年子どもたちの食にかかわってきた二人が「ごちそうさま！またつくってね！から生まれたレシピ集～五感をはぐくむ魔法のレシピ～」を作成することになりました。

　お互い、少し早めの退職をして、現在も子どもの食にかかわらせていただく中で「子どもに食べやすい献立を知りたい」、「献立の組み合わせがわからない」、「少量なら調理ができても大量だと失敗してしまう」、「クッキング保育の内容を知りたい」など、現場の先生方の声をたくさん聴かせていただきました。

　二人が子どもたちの現場で、実際に作ってきた"すぐ調理室で使えるレシピ"をいろんな方々や多くの子どもたちの施設で使っていただくことで、少しでも子どもたちの食にかかわらせていただいた恩返しができればと思っています。

　このレシピ集は、子どもはもちろん!! 家庭でも地域でもいろんな年代の方に"五感を使っておいしく食べていただけるお料理"がいっぱいつまっています。

　このレシピ集が、食べる人そして作る人の「うれしい！ たのしい！ おいしい！」のお手伝いができればうれしく思います。

佐井　かよ子
伴　　亜紀

もくじ

主食

- サバ缶の炊き込みごはん ……… 2
- サケと青菜の混ぜごはん ……… 3
- いもころごはん ……… 4
- 青菜とじゃこの混ぜごはん ……… 5
- 豆ごはん・栗ごはん・
  とうもろこしごはん ……… 6
- 大豆とじゃこのごはん ……… 7
- 切干大根ごはん ……… 8
- おくらごはん ……… 9
- 牛肉の混ぜ寿司 ……… 10
- れんこんごはん ……… 11
- 炊き込みごはん ……… 12
- 森のピラフ ……… 13
- 高野豆腐ごはん ……… 14
- かっぱごはん ……… 15
- 高野豆腐ピラフ ……… 16
- 夕焼けごはん ……… 17
- たけのこごはん ……… 18
- きつねのちらし寿司 ……… 19
- 炊き込みカレーピラフ ……… 20

主菜

- 鶏ささみの中華風天ぷら ……… 22
- サバ缶バーグ ……… 23
- 簡単つくね ……… 24
- みそ肉じゃが ……… 25
- 具材を炒めない簡単春巻き ……… 26
- ちゃんこ煮 ……… 27
- 魚のみそ香味焼き ……… 28
- 揚げ魚のレモン風味甘酢あん ……… 29
- 何が入っているかな？
  おばけ天ぷら ……… 30

- 魚のコーン焼き 2種類 ……… 31
- れんこんバーグ ……… 32
- 基本のから揚げ ……… 33
- 本格的な味！簡単カレールー ……… 34
- サバのケチャップ煮 ……… 35
- お正月料理 5種類（黒豆・ごまめ・
  りんごきんとん・伊達巻き・
  紅白なます） ……… 36
- 根菜のカレー煮しめ ……… 37
- 洋風きんぴら ……… 38
- 鶏肉の治部煮 ……… 39
- 鶏ささみの春巻き ……… 40
- サケのきのこあんかけ ……… 41
- おさかなハンバーグ ……… 42
- りんごのげんこつ揚げ ……… 43
- 真珠蒸し ……… 44
- なす入りつくね ……… 45
- ぎせい豆腐 ……… 46
- 長芋入り蒸し肉団子 ……… 47
- 焼きビーフン ……… 48
- マーボー豆腐 ……… 49
- あっさり五目豆 ……… 50

副菜

- ひじきの大豆ドレッシング和え ……… 52
- かぼちゃのいとこ煮 ……… 53
- 水煮缶を使ったサバそぼろ ……… 54
- なすのナムル ……… 55
- お肉やお魚に添える
  夏野菜ソテー ……… 56
- 切干大根の梅肉サラダ ……… 57
- おからのサラダ ……… 58
- きのことしらたきのきんぴら ……… 59
- ジャーマンポテト ……… 60

- ✲ サケと切干大根のサラダ ………… 61
- ✲ 切干大根の中華和え ……………… 62
- ✲ 磯辺和え・土佐和え・ごま和え … 63
- ✲ 里芋のツナ和え …………………… 64
- ✲ 絹厚揚げの和え物 ………………… 65
- ✲ かぶのサラダ ……………………… 66
- ✲ ビーフンサラダ …………………… 67
- ✲ 切干大根のイタリアンサラダ …… 68

汁物

- ✲ けんちん汁 ………………………… 70
- ✲ みんなでおいしい!!
   クリームシチュー ……………… 71
- ✲ 香りがよい豚汁 …………………… 72
- ✲ 高野豆腐入りスープ ……………… 73
- ✲ 豆入りスープ ……………………… 74
- ✲ かぶの和風スープ ………………… 75
- ✲ とうもろこしのすまし汁 ………… 76
- ✲ 切干大根のスープ ………………… 77
- ✲ 冬瓜(とうがん)のごま汁 ……………………… 78
- ✲ 中華はくさいスープ ……………… 79
- ✲ 納豆汁・沢煮碗 …………………… 80
- ✲ 船場汁・長芋のビシソワーズ …… 81
- ✲ きのこ汁・ごま風味スープ ……… 82
- ✲ 汁物レシピ分量表 ………………… 83

おやつ

- ✲ おやつの米粉について …………… 86
- ✲ 基本の米粉蒸しパン ……………… 87
- ✲ いろんな米粉蒸しパン　4種類 … 88
- ✲ 小豆あん入り蒸しパン …………… 89
- ✲ さつまいも入り豆腐ドーナツ …… 90
- ✲ 米粉ごまクッキー ………………… 91
- ✲ さつまいも入り米粉クッキー …… 92
- ✲ みんなに大人気!!
   米粉バナナケーキ ……………… 93
- ✲ おはぎ（里芋入り2種類・
   簡単2種類) …………………… 94
- ✲ 黒糖わらび餅 ……………………… 95
- ✲ じゃがいも餅　5種類 …………… 96
- ✲ 小麦粉の蒸しパン ………………… 97
- ✲ いも蒸しようかん ………………… 98
- ✲ 団子　2種類 ……………………… 99
- ✲ だいこん餅 ………………………… 100
- ✲ ごまゆべし ………………………… 101
- ✲ コーンスナック …………………… 102
- ✲ みんなでおいしい!!
   たこ焼き ………………………… 103
- ✲ コーンパンケーキ ………………… 104
- ✲ 水菜のチヂミ ……………………… 105
- ✲ もちもちパン　3種類 …………… 106
- ✲ もちもちパンの作り方
   〜生地の様子〜 ………………… 107
- ✲ りんごのとろーりゼリー ………… 108

参考資料

- ✲ 離乳食について …………………… 110
- ✲ 離乳食　卵の進め方 ……………… 114
- ✲ クッキング保育について ………… 115
- ✲ 簡単クッキングレシピ …………… 116

この本の見方

具材を炒

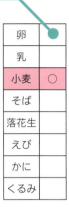

各レシピ、食物アレルギー表示対象品目特定原材料（8品目）の使用状況を記載しています。
材料に特定原材料が含まれる場合は丸印で表記しています。

卵	
乳	
小麦	○
そば	
落花生	
えび	
かに	
くるみ	

材料
分量は幼児1人分を基本として記載しています。

鶏ひき肉 …… 10g	しょうが ……… 1g	春巻きの皮 小さいもの … 1枚
豚ひき肉 …… 10g	青ねぎ ………… 3g	水溶き小麦粉 … 適量
春雨 ………… 2g	しいたけ ……… 2g	なたね油 ……… 3g
にんじん …… 5g	しょうゆ …… 2.5g	

作り方

① 2種類のひき肉としょうゆを混ぜ合わ
② 春雨はかために戻して、短く切ってお
③ にんじんは千切り、しいたけはみじん
④ ①に②・③と、すりおろしたしょうが
⑤ 春巻きの皮に④をのせて巻き、水溶
⑥ 多めのなたね油で揚げ焼きにするか、

ポイント・応用等

調理をする上で気を付けるとよいポイントや、更なるアレンジ方法、クッキング保育での応用方法、アレルギー対応の提案等の記載をしています。ぜひ、参考にしてみてください。

ポイント・応用等

＊通常の春巻きと違って具材を炒めずそのまま巻き込む。
＊春雨が水分を吸ってくれるので時間がたってもおいしい。
＊小麦アレルギーの対応については、湯葉やライ
　くとよい。
　また、水溶き小麦粉に関しては、片栗粉や米粉

各レシピの栄養成分（6項目）を表でまとめています。

エネルギー	たんぱく質	脂質	カルシウム	鉄	食塩相当量
112kcal	4.8g	6.0g	8mg	0.3mg	0.4g

主食

🍴 レシピ集に記載している主食の量は、幼児1人分で米50gを基本としています。炊き込みごはんについては、具材により米の使用量を調整しています。

🍴 主食レシピとしていますが、おやつにも使っていただけます。

🍴 このレシピ集では、おやつとして提供する場合、基本献立の6割で提供しています。

🍴 ブイヨン・ハム・ロースハム・ベーコン等は、アレルギー対応のものを使用しています。

主 食

サバ缶の炊き込みごはん

卵	
乳	
小麦	
そば	
落花生	
えび	
かに	
くるみ	

　サバ缶(水煮)… 20 g　　ごぼう ………… 5 g　　ごま油 ……… 0.5 g
　しょうが ……… 1 g　　にんじん ……… 7 g　　しょうゆ …… 1.5 g
　酒 ……………… 2 g　　えのきたけ …… 7 g　　米 …………… 45 g
　　　　　　　　　　　　　　　　　　　　　　　　水菜 …………… 7 g

🍚 作 り 方

①サバ缶の水分をきっておく（サバ缶の水分は、炊飯時の水分として使用する）。
②米は洗い一度ザルにあげ水分をきる。米と分量の水（サバ缶汁含む）を入れ30分以上つけておく。
③ごぼう・にんじん・えのきたけは粗みじん切りにする。
④しょうがをすりおろし、しょうが汁を作っておく。
⑤サバ缶の身を、粗くほぐしてしょうが汁・酒をふっておく。
⑥水菜以外の材料・調味料を混ぜ合わせ炊き込む。
⑦水菜を湯がき、刻んでおく。
⑧炊き上がったら、⑦の水菜を混ぜ合わせる。

💡 ポイント・応用等

＊サバ缶を使用するので簡単に魚を摂取することができる。
＊ごぼう・しょうが・ごま油の風味がとてもよい。
＊水菜以外に他の青菜を使ってもよい。

エネルギー	たんぱく質	脂質	カルシウム	鉄	食塩相当量
223kcal	8.0g	5.5g	24mg	0.9mg	0.5g

サケと青菜の混ぜごはん

卵	
乳	
小麦	
そば	
落花生	
えび	
かに	
くるみ	

| 青菜 | 10 g |
| 米 | 50 g |

[サケ（生） 7 g
  塩 0.2 g
  酒 0.5 g

ごま油 1 g
A[みりん 1 g
   いりごま 1 g
   塩 0.3 g

作り方

① 米は洗い一度ザルにあげ水分をきる。普通の水加減にして30分以上つけてから炊く。
② 青菜は塩ゆでし、冷水にとり細かく切りしっかりしぼっておく。
③ サケは皮・骨を除き2㎝角に切り、塩・酒をふり下味をつける。
④ ③のサケを蒸して細かくほぐす（焼いてほぐしてもよい）。
⑤ ごま油で②の青菜を炒めAの調味料で味を調える。
⑥ 炊き上がったごはんに④・⑤を混ぜ合わせる。

ポイント・応用等

＊彩りもよく、子ども達が食べやすい。

エネルギー	たんぱく質	脂質	カルシウム	鉄	食塩相当量
199kcal	5.0g	2.3g	33mg	0.8mg	0.5g

主　食

いもころごはん

卵	
乳	
小麦	
そば	
落花生	
えび	
かに	
くるみ	

さつまいも …… 18 g 　　　米 ……………… 45 g 　　　黒ごま ……… 少々
揚げ油 ………… 0.5 g 　　しょうゆ ……… 2.4 g

作り方

① 米は洗い一度ザルにあげ水分をきる。普通の水加減にして30分以上つけておく。
② さつまいもはサイコロに切り、すぐに水にさらして灰汁を抜く。
③ さつまいもをザルにあげ、しっかり水分をきって素揚げする。
④ ①の米にしょうゆを入れて炊く。
⑤ 炊き上がったら軽くほぐし、③のさつまいもを入れつぶさないように混ぜる。
＊黒ごまを散らしてもよい。

ポイント・応用等

＊さつまいもを素揚げすることで大量調理でも潰れにくい。
＊ごはん自体にしょうゆ味がついているのでさつまいもとの彩り、風味もよい。

エネルギー	たんぱく質	脂質	カルシウム	鉄	食塩相当量
166kcal	3.0g	0.4g	5mg	0.5mg	0.5g

青菜とじゃこの混ぜごはん

卵	
乳	
小麦	
そば	
落花生	
えび	
かに	
くるみ	

青菜 …………… 10 g	ちりめんじゃこ …… 7 g	みりん ………… 1 g
米 …………… 50 g	ごま油 ………… 1 g	いりごま ……… 1 g
	塩 …………… 0.4 g	

作り方

① 米は洗い一度ザルにあげ水分をきる。普通の水加減にして30分以上つけてから炊く。
② 青菜は塩ゆでし、冷水にとり細かく切りしっかりしぼっておく。
③ ごま油で青菜を炒め、ちりめんじゃこ・塩・みりんを加え炒める。
④ 炊き上がったごはんに③を混ぜ合わせ、いりごまを全体に混ぜる。

ポイント・応用等

＊ちりめんじゃこが大きい場合は、包丁で細かく刻む。
＊ちりめんじゃこの塩分量により味が変わる。確認すること。

エネルギー	たんぱく質	脂質	カルシウム	鉄	食塩相当量
195kcal	4.6g	2.1g	47mg	0.8mg	0.6g

主食

豆ごはん・栗ごはん・とうもろこしごはん

卵	
乳	
小麦	
そば	
落花生	
えび	
かに	
くるみ	

豆ごはん
- えんどう豆 …… 10 g
  （むき身）
- 酒 ……………… 1 g
- 塩 ……………… 0.5 g
- 米 ……………… 45 g

栗ごはん
- 栗（生）………… 15 g
  （むき栗）
- 酒 ……………… 1 g
- 塩 ……………… 0.5 g
- 米 ……………… 45 g

とうもろこしごはん
- とうもろこし … 8 g
  （実のみ）
- 酒 ……………… 1 g
- 塩 ……………… 0.5 g
- 米 ……………… 45 g

作り方

① 米は洗い一度ザルにあげ水分をきる。普通の水加減にして30分以上つけておく。
② さや付きのえんどう豆をむいて実だけにする（クッキング保育の一環としてもよい）。
③ えんどう豆をきれいに洗い、すべての材料とともに炊き込む。

ポイント・応用等

＊豆ごはんは春一番の食育活動として、とうもろこしごはんは皮むきのお手伝いなど子どもたちがかかわっている園が多い。

	エネルギー	たんぱく質	脂質	カルシウム	鉄	食塩相当量
豆ごはん	166kcal	3.0g	0.4g	5mg	0.5mg	0.5g
栗ごはん	186kcal	4.6g	0.5g	6mg	0.5mg	0.5g
とうもろこしごはん	169kcal	3.0g	0.5g	2mg	0.5mg	0.5g

大豆とじゃこのごはん

卵	
乳	
小麦	
そば	
落花生	
えび	
かに	
くるみ	

水煮大豆 ……… 10 g　　昆布 ………… 0.7 g　　酒 ……………… 2 g
ちりめんじゃこ …… 3 g　　しょうゆ ……… 2.5 g　　米 ……………… 50 g

作り方

① 米は洗い一度ザルにあげ水分をきる。普通の水加減にして30分以上つけておく。
② 昆布は2～3㎝幅のものを細く切る。
③ ①に、水煮大豆・ちりめんじゃこ・細切り昆布と調味料を加え炊き込む。

ポイント・応用等

＊水煮大豆は、蒸し大豆や節分のいり大豆でも美味しい（いり大豆を使用する場合は4g）。
＊写真は「いり大豆」を使用。節分のごはんとしてもおすすめ。
＊いり大豆を使用するととてもやわらかく、香ばしい風味で食べやすい。
＊細切り昆布は手間を惜しまず美味しい昆布を使う。
＊細切り昆布の代わりにひじきを使ってもよい。

エネルギー	たんぱく質	脂質	カルシウム	鉄	食塩相当量
205kcal	5.5g	1.5g	18mg	0.6mg	0.5g

主　食

切干大根ごはん

卵	
乳	
小麦	
そば	
落花生	
えび	
かに	
くるみ	

切干大根 …… 1.5 g 　　油揚げ ………… 5 g 　　米 ……………… 45 g
にんじん ……… 6 g 　　┌ 酒 ……………… 1.5 g
ちりめんじゃこ … 1.5 g　A│ 薄口しょうゆ … 2.3 g
　　　　　　　　　　　　└ みりん ………… 0.3 g

🍚 作 り 方

① 米は洗い一度ザルにあげ水分をきる。
② 切干大根は戻して絞り1㎝位に切っておく。
③ ①に②の戻し汁と水を加え普通の水加減にして30分以上つけておく。
④ にんじんも長さ1㎝の細切りにしておく。
⑤ 油揚げはみじん切りにする。②・④と一緒に混ぜる。Aで下味をつける。
⑥ ③に⑤を加え、混ぜてから炊き込む。

💡 ポイント・応用等

＊材料に下味をつけておくことで切干大根の臭みがなくなる。
＊通常の炊き込みごはんのように、ごぼうやしょうがを加えてもよい。

エネルギー	たんぱく質	脂質	カルシウム	鉄	食塩相当量
195kcal	4.4g	2.1g	32mg	0.6mg	0.5g

おくらごはん

卵	
乳	
小麦	
そば	
落花生	
えび	
かに	
くるみ	

おくら ………… 12 g　　糸かつお ……… 2 g　　米 ……………… 45 g
ちりめんじゃこ … 5 g　　しょうゆ ……… 2 g

作り方

① 米は洗い一度ザルにあげ水分をきる。普通の水加減にして30分以上つけてから炊く。
② おくらは塩ずりしておき、茹でてから小口切りにする。
③ 糸かつお・ちりめんじゃこは、乾煎りしておく。
④ ②・③としょうゆを混ぜ、炊きたてのごはんに混ぜ合わせる。

ポイント・応用等

＊糸かつお・ちりめんじゃこを乾煎りすることで風味が増す。
＊いりごまを加えてもよい。

エネルギー	たんぱく質	脂質	カルシウム	鉄	食塩相当量
179kcal	5.9g	0.6g	26mg	0.7mg	0.5g

主 食

牛肉の混ぜ寿司

卵	
乳	
小麦	
そば	
落花生	
えび	
かに	
くるみ	

牛肉 ………… 15 g
B ┃ ごぼう ………… 10 g
　 ┃ しょうゆ …… 3.5 g
　 ┃ みりん ………… 1 g
　 ┗ 三温糖 ………… 3 g

米 ………………… 45 g
だし昆布 ……… 適量
A ┃ 米酢 …………… 7 g
　 ┃ 三温糖 ………… 4 g
　 ┗ 塩 …………… 0.4 g

白いりごま …… 1 g
青菜 …………… 10 g

作り方

① 米は洗い、だし昆布とともに炊く。Aを混ぜ、合わせ酢を作っておく。
② 牛肉は食べやすく切る。ごぼうはささがきにし、牛肉と炒め煮にして、Bで味付けする。
③ 青菜は色よく茹で、細かく切る。
④ 炊き上がったごはんに合わせ酢を混ぜ、②・③と白いりごまも加え混ぜ合わせる。

ポイント・応用等

＊彩りに、にんじんや紅しょうがを加えてもよい。
＊お寿司に牛肉の組み合わせが大人気のレシピ。

エネルギー	たんぱく質	脂質	カルシウム	鉄	食塩相当量
256kcal	6.3g	4.2g	26mg	0.9mg	0.9g

れんこんごはん

卵	
乳	
小麦	
そば	
落花生	
えび	
かに	
くるみ	

れんこん ……… 15 g　　水菜 …………… 8 g　　白いりごま … 0.5 g
薄口しょうゆ … 2 g　　ちりめんじゃこ … 2 g
米 ……………… 45 g

作り方
① 米は洗い一度ザルにあげ水分をきる。普通の水加減にして30分以上つけておく。
② れんこんは食べやすい大きさに切り、①と薄口しょうゆを入れて炊き込む。
③ 水菜は茹でて絞り5mm位に切る。
④ ちりめんじゃこは、乾煎りしておく。
⑤ ②が炊き上がったら、水菜・白いりごま・ちりめんじゃこを混ぜ合わせる。

ポイント・応用等
＊れんこんの食感や甘みが楽しめる。
＊水菜以外にかぶの葉やだいこんの葉を使ってもよい。

エネルギー	たんぱく質	脂質	カルシウム	鉄	食塩相当量
177kcal	3.4g	0.7g	28mg	0.7mg	0.3g

主　食

炊き込みごはん

卵	
乳	
小麦	
そば	
落花生	
えび	
かに	
くるみ	

鶏肉	10 g	しょうが	0.1 g	にんじん	5 g
酒	1 g	干しひじき	0.5 g	薄口しょうゆ	3 g
塩	0.2 g	油揚げ	5 g	米	45 g

作り方

① 米は洗い一度ザルにあげ水分をきる。普通の水加減にして30分以上つけておく。
② 鶏肉はごはん用に細かく切ったものを使用する。
③ しょうがをすりおろし、しょうが汁を作っておく。
④ 鶏肉に酒・しょうが汁・塩を入れて下味をつけておく。
⑤ 干しひじきは水で戻してきれいに洗い水をきる。
⑥ にんじんは短い千切りにし、油揚げは粗みじん切りにする。
⑦ ①にすべての材料を入れ、軽く混ぜてから炊き込む。

ポイント・応用等

＊ごぼうを入れるとより風味がよくなる。
＊しょうがの風味が食欲をそそる。おやつにも好評！

エネルギー	たんぱく質	脂質	カルシウム	鉄	食塩相当量
208kcal	5.8g	3.5g	26mg	0.7mg	0.7g

森のピラフ

卵	
乳	
小麦	
そば	
落花生	
えび	
かに	
くるみ	

A ┌ 生椎茸 ………… 4 g
　├ 本しめじ ………… 3 g
　├ えのきたけ ……… 2 g
　├ ベーコン ………… 4 g
　└ 玉ねぎ …………… 8 g

薄口しょうゆ … 1 g
ブイヨン ……… 0.5 g
酒 ……………… 1 g

塩 ……………… 0.2 g
オリーブ油 …… 0.5 g
米 ……………… 45 g
青菜 …………… 適量
（水菜、パセリなど）

作り方

① 米は洗い一度ザルにあげ水分をきる。通常より少し少なめの水加減にして30分以上つけておく。
② Aは粗みじん切りにする。
③ ②と調味料を混ぜ合わせ、下味をつける。
④ ①と③を炊き込む。
⑤ 炊き上がったら、茹でて細かく切った青菜を混ぜる。

ポイント・応用等

＊どんなきのこを使ってもよい。
＊きのこの風味を楽しんでほしいので、シンプルな味付けにしている。

エネルギー	たんぱく質	脂質	カルシウム	鉄	食塩相当量
191kcal	3.9g	2.5g	16mg	0.5mg	0.7g

主　食

高野豆腐ごはん

卵	
乳	
小麦	
そば	
落花生	
えび	
かに	
くるみ	

高野豆腐	1 g	油揚げ	3 g	酒	1 g
にんじん	5 g	しょうが	1 g	塩	0.3 g
ごぼう	5 g	薄口しょうゆ	2 g	米	45 g

作り方

①米は洗い一度ザルにあげ水分をきる。普通の水加減にして30分以上つけておく。
②高野豆腐は戻して水をきり、細かく切っておく。
③にんじん・ごぼう・油揚げはみじん切りにしておく。
④しょうがは、しぼり汁を使用する。
⑤①にすべての材料を入れ、軽く混ぜてから炊き込む。

ポイント・応用等

＊高野豆腐は、やわらかな鶏むね肉のような食感になる。
＊高野豆腐を使うということが、高野豆腐ピラフ（p.16）同様のポイント！

エネルギー	たんぱく質	脂質	カルシウム	鉄	食塩相当量
185kcal	4.1g	1.7g	20mg	0.6mg	0.6g

かっぱごはん

卵	○
乳	
小麦	
そば	
落花生	
えび	
かに	
くるみ	

- 米 ……………… 30 g
- 梅干し ………… 3 g
- 酒 ……………… 2 g

- きゅうり ……… 10 g
- 塩 ……………… 適量
- 三温糖 ………… 0.3 g
- ごま油 ………… 0.5 g
- しょうゆ ……… 0.5 g

A
- 削り節 ………… 0.5 g
- 白いりごま …… 0.5 g

B
- 卵 ……………… 7 g
- 白いりごま …… 0.5 g

作り方

① 米は洗い、酒・梅干し（種も入れる）を入れ、普通に炊く。
② きゅうりは3㎜の小口切りにし、塩をまぶす。
③ ②の水分が出たらかたく絞り、ごま油で炒め砂糖・しょうゆで調味する。
④ 卵は炒り卵に、削り節は少し乾煎りにして細かくする。
⑤ ごはんが炊けたらそれぞれの具を加え混ぜる。

具の組み合わせ

A）梅干し入りごはん・きんぴらきゅうり・煎りかつお節・白いりごま
B）梅干し入りごはん・きんぴらきゅうり・炒り卵・白いりごま

ポイント・応用等

＊きんぴらきゅうりは、生きゅうりに塩をまぶし、出た水分を絞ってから炒めること。
＊卵をホールコーン＋ちりめんじゃこや豆腐を水切りし炒めたものに変更してもよい。
＊栽培体験で収穫したきゅうりを使用することで食農教育につながる。

エネルギー	たんぱく質	脂質	カルシウム	鉄	食塩相当量
121kcal	2.3g	1.1g	1mg	0.3mg	0.8g

主　食

高野豆腐ピラフ

卵	
乳	
小麦	
そば	
落花生	
えび	
かに	
くるみ	

A ┌ 玉ねぎ ………… 15 g
　├ にんじん ………… 5 g
　├ しめじ ………… 5 g
　└ ベーコン ………… 5 g
　　高野豆腐 ………… 3 g

B ┌ 粒コーン ………… 5 g
　├ ブイヨン ………… 0.5 g
　├ オイスターソース ‥ 0.8 g
　└ トマトケチャップ … 2 g

B ┌ 塩 ……………… 0.2 g
　├ カレー粉 ………… 0.2 g
　└ オリーブ油 ……… 2 g
　　米 ……………… 50 g

作り方

① 米は洗い一度ザルにあげ水分をきる。普通の水加減にして30分以上つけておく。
② 高野豆腐は沸湯したお湯に入れて戻し、ザルにあげ水きりして粗くつぶす。
③ Aは粗みじん切りにする。
④ ①に②・③・Bを加え混ぜ、炊き込む。

ポイント・応用等

＊高野豆腐は、沸湯したお湯で戻すととてもやわらかくなる。
＊戻した高野豆腐の水分はよくきる（水分が多いとピラフがやわらかくなる）。
＊高野豆腐を使用することでカルシウム・鉄の摂取量が多くなる。
＊カレー粉の量は辛さをみながら加減する（目安は0.1～0.2g）。

エネルギー	たんぱく質	脂質	カルシウム	鉄	食塩相当量
245kcal	5.7g	5.1g	25mg	0.6mg	0.7g

夕焼けごはん

卵	
乳	
小麦	
そば	
落花生	
えび	
かに	
くるみ	

にんじん ……… 20 g 　　薄口しょうゆ … 2 g 　　米 ………………… 50 g
ちりめんじゃこ … 3 g 　　酒 ………………… 2 g

作り方

① にんじんをすりおろす。
② 米は洗い一度ザルにあげ水分をきる。通常より少し少なめの水加減にして30分以上つけておく（にんじんをすりおろしているため）。
③ ②にすべての材料を加え、混ぜてから炊き込む。

ポイント・応用等

＊炊き上がり後、水菜や小松菜等を混ぜ込んでもよい。
＊下処理・材料も少なく、とても簡単にできる。
＊にんじんが収穫できた時のクッキング保育にもよい。
＊ちりめんじゃこをツナ缶 8 g に変更してもよい。
＊おやつにも人気のメニュー。

エネルギー	たんぱく質	脂質	カルシウム	鉄	食塩相当量
193kcal	4.0g	0.5g	15mg	0.4mg	0.4g

主　食

たけのこごはん

卵	
乳	
小麦	
そば	
落花生	
えび	
かに	
くるみ	

たけのこ※ …… 10 g　　薄口しょうゆ … 2.5 g　　米 ………… 45 g
油揚げ ………… 5 g　A　酒 ……………… 1 g
　　　　　　　　　　　塩 ……………… 0.1 g

※たけのこは正味重量を記載。

作り方

① 米は洗い一度ザルにあげ水分をきる。普通の水加減にして30分以上つけておく。
② たけのこは茹でるか、茹でたけのこを使用する。
③ 油揚げはみじん切りにしておく。たけのこは食べやすい大きさに切る。
④ たけのこと油揚げに半分量の薄口しょうゆを入れ、味をなじませる。
⑤ ①に④とAを入れ、軽く混ぜて炊き込む。

ポイント・応用等

＊油揚げをみじん切りすることで風味よく、口当たりもよく仕上がる。
＊写真のたけのこよりも小さく切る方が、子どもには食べやすい。

エネルギー	たんぱく質	脂質	カルシウム	鉄	食塩相当量
189kcal	4.4g	2.1g	21mg	0.6mg	0.5g

きつねのちらし寿司

卵	○
乳	
小麦	
そば	
落花生	
えび	
かに	
くるみ	

```
 油揚げ ……… 10 g      卵 ………… 20 g      米 ………… 45 g
 ┌三温糖 ……… 1.5 g    塩 ………… 0.1 g    ┌米酢 ……… 6 g
A│しょうゆ …… 1.5 g    なたね油 …… 1 g    B│塩 ………… 0.5 g
 └だし汁 ……… 適量     にんじん …… 10 g   └三温糖 …… 3 g
                        さやえんどう … 4 g
```

作り方

① 米は洗い一度ザルにあげ水分をきる。普通の水加減にして30分以上つけてから炊く。
② 油揚げは長さ2cmの細切りにし、油抜きをしてAで煮ておく。
③ 卵に塩を入れ、細かい炒り卵を作る。
④ にんじん・さやえんどうは千切りにしておき、塩茹でする。
⑤ Bを混ぜ合わせ、合わせ酢を作り、炊き上がったごはんに混ぜ、②③④も混ぜ合わせる。

ポイント・応用等

＊卵アレルギーの対応については、炒り卵を抜き油揚げを少し多めにする。
＊卵が入らなくても彩りのよい混ぜ寿司ができる。
＊ホールコーンやパプリカ等彩りのよい野菜を加えてもよい。

エネルギー	たんぱく質	脂質	カルシウム	鉄	食塩相当量
267kcal	7.8g	6.9g	48mg	1.1mg	0.8g

主食

炊き込みカレーピラフ

卵	
乳	
小麦	
そば	
落花生	
えび	
かに	
くるみ	

ベーコン	7 g	ブイヨン	0.7 g	（お好みで）	
玉ねぎ	12 g	薄口しょうゆ	1 g	乾燥パセリ	0.1 g
にんじん	10 g	カレー粉	0.2 g		
塩	0.2 g	米	45 g		

作り方

① 米は洗い一度ザルにあげ水分をきる。普通の水加減にして30分以上つけておく。
② ベーコンは細切りにし、にんじん・玉ねぎはみじん切りにする。
③ ①にすべての材料を加え、軽く混ぜ炊き込む。

ポイント・応用等

＊ベーコンの代わりに鶏肉10gにしてもよい。
＊鶏肉の場合は、一か所に鶏肉が固まらないようにする。
　（温度が上がらず、うまく炊き上がらない原因となる）
＊カレー粉を入れずにシンプルな味付けでもよい。
＊カレー粉の量は辛さをみながら加減する（目安は0.1～0.2g）。

エネルギー	たんぱく質	脂質	カルシウム	鉄	食塩相当量
201kcal	3.9g	3.1g	0mg	0.5mg	0.8g

🍴 幼児1人分を基本としています。

🍴 焼き物に関しては、フライパンやホットプレートを使用する場合とオーブン・スチームコンベクションを使用する場合や総量等で加熱時間等が変わってきます。

🍴 大量調理の場合（特に煮物等）調味料をすべて計量・調味してしまうのではなく、7～8割程度を計量し調味しながら仕上げていくと無駄がなく、おいしく仕上がります。

🍴 ブイヨン・ハム・ロースハム・ベーコン等は、アレルギー対応のものを使用しています。

主菜

鶏ささみの中華風天ぷら

卵	
乳	
小麦	
そば	
落花生	
えび	
かに	
くるみ	

鶏ささみ肉	40 g
塩	0.2 g
こしょう	少々
酒	1 g
片栗粉	2 g
水	2 g

衣用
米粉	6 g
片栗粉	2 g
水	7 g〜
植物油	3 g

甘酢あん
トマトケチャップ	2.5 g
米酢	1.5 g
水	2.5 g
三温糖	1.5 g
しょうゆ	0.2 g

作り方

① 鶏ささみ肉は筋を取り、一切れ13〜14g位に切る。塩・こしょう・酒をふり、よくもみこむ。

② ①に片栗粉と水を加え、水分がなくなる状態までもみこむ。

③ 衣用の米粉・片栗粉を混ぜ合わせる。水を加えて混ぜながら、かための衣を作り（水は一度に入れず、様子を見ながら加える）、②につけて揚げ焼きにする。

④ トマトケチャップ・米酢・水・三温糖を鍋に入れ、混ぜてから火にかける。最後にしょうゆを加え全体を混ぜる。

⑤ ③の揚げたてを④にくぐらせる。

ポイント・応用等

＊片栗粉・水をもみこみ、かための衣で揚げるので、鶏ささみ肉はジューシーでやわらかい仕上がりになる。カリッとした衣には、甘酢あんをからめるので食べやすくなる。

エネルギー	たんぱく質	脂質	カルシウム	鉄	食塩相当量
115kcal	10.4g	3.5g	5mg	0.3mg	0.4g

サバ缶バーグ

卵	
乳	
小麦	
そば	
落花生	
えび	
かに	
くるみ	

- 鶏ひき肉 …… 20 g
- 塩 …………… 0.1 g

- サバ缶（水煮）… 20 g
- おからパウダー … 2 g

- 玉ねぎ ……… 10 g
- えのきたけ …… 5 g
- 塩 ……………… 0.2 g
- カレー粉 …… 0.05 g
- 植物油 ………… 1 g

作り方

① 玉ねぎ・えのきたけはみじん切りにし炒め、塩・カレー粉で調味して冷ます。
② 鶏ひき肉に塩を加えよく練りこむ。冷めた①も加え混ぜる。
③ ②に汁気をきったサバ缶・おからパウダーを加え、さらによく混ぜる。
　（缶汁をすべて利用する場合は、おからパウダーの増量と片栗粉を追加する）
④ ③を成形し、200〜220℃のオーブンで15〜20分焼き上げる。

ポイント・応用等

＊レシピはオーブンを使用しているが、片栗粉を追加し、揚げ物にしてもよい。

エネルギー	たんぱく質	脂質	カルシウム	鉄	食塩相当量
154kcal	9.6g	10.4g	16mg	0.6mg	0.4g

主　菜

簡単つくね

卵	
乳	
小麦	
そば	
落花生	
えび	
かに	
くるみ	

鶏ひき肉 …… 35 g
塩 ………… 0.2 g
しょうが …… 0.5 g
玉ねぎ ……… 10 g
えのきたけ …… 5 g

おからパウダー … 2 g
片栗粉 ……… 1 g
豆乳 ………… 10 g
こめ油 ……… 1 g

A ⎡ 三温糖 ……… 1 g
　 ｜ 酒 …………… 1 g
　 ｜ しょうゆ …… 1.7 g
　 ｜ みりん …… 0.5 g
　 ⎣ 水 ………… 3 cc

作り方

① 玉ねぎはみじん切り、えのきたけは3㎜の長さに切る。しょうがはすりおろす。
② 鶏ひき肉に塩とすりおろしたしょうがを加えよく混ぜる。
③ ②に①とおからパウダー・片栗粉・豆乳を加えよく混ぜる。
④ ③を成形して、こめ油をひいたフライパン等で両面焼く（オーブン、スチームコンベクションでも可）。
⑤ Aを合わせ、煮詰めてたれを作りつくねにかける。

ポイント・応用等

＊おからパウダーは商品によって水分量がかなり違うので、かたくなりすぎる場合は豆乳または水で調整する。

エネルギー	たんぱく質	脂質	カルシウム	鉄	食塩相当量
111kcal	7.7g	7.3g	10mg	0.3mg	0.5g

みそ肉じゃが

卵	
乳	
小麦	
そば	
落花生	
えび	
かに	
くるみ	

豚肉	30 g	さやいんげん	5 g	
じゃがいも	60 g	なたね油	2 g	
玉ねぎ	25 g	だし汁	70 cc	
にんじん	15 g			
しめじ	7 g			

A
- 三温糖 ……… 2.5 g
- 酒 …………… 2 g
- みりん ……… 2 g
- しょうゆ …… 1.5 g

みそ …………… 5 g

作り方

① 豚肉は3㎝幅に、じゃがいもは乱切り、にんじんは1㎝のいちょう切りにする。
② 玉ねぎは薄切り、しめじは食べやすく、さやいんげんは2㎝に切る。
③ 鍋になたね油を熱し、豚肉・じゃがいも・にんじん・玉ねぎ・さやいんげん・しめじを炒める。
④ ③をよく炒めたらだし汁を加え少し煮て、三温糖・酒・みりん・しょうゆで調味する。
⑤ 野菜が煮えたら煮汁でみそを溶き、全体にまわし入れ混ぜて少し煮る。

ポイント・応用等

＊みその種類により塩分量が異なるので、全量入れず様子をみながら調味する。

エネルギー	たんぱく質	脂質	カルシウム	鉄	食塩相当量
168kcal	7.0g	6.1g	29mg	0.6mg	0.9g

主　菜

具材を炒めない簡単春巻き

卵	
乳	
小麦	○
そば	
落花生	
えび	
かに	
くるみ	

鶏ひき肉 ……… 10 g
豚ひき肉 ……… 10 g
春雨 …………… 2 g
にんじん ……… 5 g
しょうが ……… 1 g
青ねぎ ………… 3 g
しいたけ ……… 2 g
しょうゆ …… 2.5 g
春巻きの皮 小さいもの … 1枚
水溶き小麦粉 … 適量
なたね油 ……… 3 g

🍲 作 り 方

① 2種類のひき肉としょうゆを混ぜ合わせて、よくこねる。
② 春雨はかために戻して、短く切っておく。
③ にんじんは千切り、しいたけはみじん切り、青ねぎは小口切りにする。
④ ①に②・③と、すりおろしたしょうがを入れてよく混ぜる。
⑤ 春巻きの皮に④をのせて巻き、水溶き小麦粉でとめる。
⑥ 多めのなたね油で揚げ焼きにするか、揚げる。

💡 ポイント・応用等

＊通常の春巻きと違って具材を炒めずそのまま巻き込む。
＊春雨が水分を吸ってくれるので時間がたってもおいしい。
＊小麦アレルギーの対応については、湯葉やライスペーパーで巻いてフライパンで焼くとよい。
　また、水溶き小麦粉に関しては、片栗粉や米粉を水で溶き加熱したのりを使用する。

エネルギー	たんぱく質	脂質	カルシウム	鉄	食塩相当量
112kcal	4.8g	6.0g	8mg	0.3mg	0.4g

ちゃんこ煮

卵	
乳	
小麦	
そば	
落花生	
えび	
かに	
くるみ	

A ┌ 鶏ひき肉 …… 20g
　├ しょうが …… 1g
　├ 青ねぎ …… 2g
　├ 片栗粉 …… 2g
　└ 酒 …… 1g

焼き豆腐 …… 25g
にんじん …… 15g
白菜 …… 30g
青ねぎ …… 5g
だいこん …… 30g

B ┌ だしかつお …… 2g
　└ 水 …… 80cc

C ┌ しょうゆ …… 1g
　├ 薄口しょうゆ …… 3g
　└ 塩 …… 0.2g

作り方

① しょうがはすりおろし、青ねぎはみじん切りにし、Aをよくこねる。
② だいこん・にんじんは5㎜位のいちょう切りにする。
③ 白菜・焼き豆腐は食べやすい大きさに切る。
④ 鍋にBを入れ根菜類を煮る。やわらかくなったら鶏つくねをスプーン等で落とす。
⑤ ④に白菜を入れ、煮えてきたら焼き豆腐も加え、Cで味を調える。
⑥ 仕上げに小口切りにした青ねぎを加えひと煮立ちさせる。

ポイント・応用等

＊主菜となる一品。油揚げや練り物を入れてもおいしく食べられる。
＊どんな食材が入っても、味付けを変えても美味しい。
＊鶏つくねに全卵や豆腐を加えてもよい。

エネルギー	たんぱく質	脂質	カルシウム	鉄	食塩相当量
90kcal	6.7g	3.9g	71mg	0.8mg	0.9g

27

主　菜

魚のみそ香味焼き

卵	
乳	
小麦	
そば	
落花生	
えび	
かに	
くるみ	

魚 …………… 40g	みそ …………… 4g	玉ねぎ …………… 4g
（写真はサケ使用）	みりん …………… 2g	にんじん …………… 2g
酒 …………… 1g	青ねぎ …………… 2g	なたね油 …… 0.5g
塩 …………… 0.2g		

作り方

① 魚に酒と塩で下味をつけておく。
② 玉ねぎ・にんじんはみじん切り、青ねぎは小口切りにする。
③ 鍋になたね油を入れ玉ねぎ・にんじんを炒め、仕上げに青ねぎと調味料を加える。
④ 天板に魚を並べ、③のみそだれをのせて色よく焼き上げる。

ポイント・応用等

＊オーブンの種類によって焼き加減が違う。
＊魚を片面焼いてから裏返し、その上にみそだれをのせて焼くと確実に加熱できる。

エネルギー	たんぱく質	脂質	カルシウム	鉄	食塩相当量
104kcal	8.5g	6.0g	15mg	0.4mg	0.6g

揚げ魚のレモン風味甘酢あん

卵	
乳	
小麦	
そば	
落花生	
えび	
かに	
くるみ	

```
┌ 魚 ………………… 40 g       片栗粉 ………… 5 g      ┌ レモン汁 ……… 2.5 g
│  （写真はサケ使用）         なたね油 ……… 4 g      │ 三温糖 ………… 2 g
│ 酒 ………………… 1 g                              A │ 薄口しょうゆ … 3 g
└ 塩 ………………… 0.2 g                              │ 片栗粉 ………… 0.8 cc
                                                    └ 水 ……………… 7 cc
```

作り方

① 魚は酒・塩で下味をつけ、片栗粉をまぶし180℃のなたね油で揚げる。
② Aをよく混ぜ合わせ沸騰させる。
③ ①を②のたれにくぐらせる。

ポイント・応用等

＊作る分量・鍋の大きさ等により、レモンだれの出来上がりの分量が変わる。
＊魚でも鶏肉でも応用ができる。
＊魚の場合、レモンだれで臭みも消え、子どもたちが喜ぶレシピ。

エネルギー	たんぱく質	脂質	カルシウム	鉄	食塩相当量
148kcal	8.0g	9.1g	7mg	0.1mg	0.7g

主　菜

何が入っているかな？ おばけ天ぷら

卵	
乳	
小麦	○
そば	
落花生	
えび	○
かに	
くるみ	

玉ねぎ ………… 10 g 　　かぼちゃ ……… 10 g 　　A［塩 ……………… 0.3 g
むきえび ……… 8 g 　　　ホタテ貝柱 …… 8 g 　　　　 ベーキングパウダー … 0.2 g
みつば ………… 3 g 　　　A［薄力粉 ………… 7 g 　　なたね油 ……… 9 g
　　　　　　　　　　　　　　 片栗粉 ………… 2 g

作 り 方

① むきえびはきれいに洗い、湯通しする。
② 玉ねぎはくし切り、みつばは小口切り、かぼちゃは太めの千切りにする。
③ ホタテ貝柱はほぐしておき、①・②をよく混ぜ合わせる。
④ Aを混ぜ合わせふるっておき、1／3程度の粉を③に加え混ぜる。
⑤ 残りのAを水で溶き、てんぷらの衣を作る（かたくしすぎない）。
⑥ ④に⑤を合わせながら170℃のなたね油で揚げる。

ポイント・応用等

＊大量調理の場合、すべてを一度に混ぜず、数回に分け調理する。
＊粉を材料にまぶしておき、てんぷらの衣を加えると失敗なく作れる。
＊むきえびやホタテの代わりに、白身魚やちくわ等の練り製品で作ってもよい。
＊絵本「おばけのてんぷら」をイメージして作った、いろいろな材料が入った大きめのかき揚げ。
＊小麦アレルギーの対応については、薄力粉の代わりに米粉を使用する。

エネルギー	たんぱく質	脂質	カルシウム	鉄	食塩相当量
201kcal	4.0g	16.1g	15mg	0.3mg	0.3g

魚のコーン焼き　2種類

卵	○
乳	○
小麦	
そば	
落花生	
えび	
かに	
くるみ	

（コーンマヨネーズ）

```
┌ 魚 ………… 40 g
│  （写真はサケ使用）
└ 塩 ………… 0.3 g
  こしょう … 0.01 g
```

（コーンマヨネーズ）
```
┌ マヨネーズ …… 4 g
│ 牛乳 ………… 3 g
│ パセリ ……… 1 g
│ 玉ねぎ ……… 10 g
└ クリームコーン … 20 g
```

（クリームコーン）
```
┌ クリームコーン … 25 g
│ 塩 …………… 0.2 g
│ パセリ ……… 1 g
└ 玉ねぎ ……… 8 g
```

作り方

① 魚の切り身に、塩・こしょうで下味をつける。
② 玉ねぎはみじん切りにし加熱する。
③ みじん切りにしたパセリと他の材料をよく混ぜ合わせる。
④ ①に③をのせ、220℃オーブンで10〜12分程度焼く。

ポイント・応用等

＊マヨネーズ入りのものと、クリームコーンだけのものの2種類を明記している。
＊オーブンによって温度が上がらない場合は、少し素焼きしてからソースをかけ、色よく焼いてもよい。
＊クリームコーンだけのものは、卵アレルギーに対応している。

	エネルギー	たんぱく質	脂質	カルシウム	鉄	食塩相当量
コーンマヨネーズ焼き	128kcal	8.3g	8.2g	12mg	0.3mg	0.5g
クリームコーン焼き	106kcal	8.3g	5.2g	11mg	0.3mg	0.7g

主　菜

れんこんバーグ

卵	
乳	
小麦	
そば	
落花生	
えび	
かに	
くるみ	

れんこん………	30 g	白ねぎ…………	3 g
牛ひき肉………	30 g	片栗粉…………	1 g
塩………………	0.2 g	しょうゆ………	1 g
しょうが………	1 g		

＊たれはお好みで！
　上写真は、しょうゆ味の
　とろみをつけたあんをか
　けています

作り方

①れんこんは皮をむきすりおろす（汁は捨てない）。
②白ねぎは小口切り、しょうがはすりおろしておく。
③牛ひき肉に塩を入れてよく混ぜる。
④③に①・②・しょうゆ・片栗粉を入れてよく混ぜる。
⑤一人分ずつ成形し、オーブン等で加熱する。
＊お好みのたれ・ソースをかける。

盛り付け例

ポイント・応用等

＊卵・パン粉を使わない、みんなが一緒に食べられるおいしいハンバーグ！
＊れんこんが入っているので焼いても縮みが少ない。
＊白ねぎの代わりに玉ねぎを入れてもよい。
＊片栗粉をつけて揚げて肉団子としてもよい。
＊牛ひき肉は赤身のものを使用することで、不足する鉄分もしっかり摂れる。

エネルギー	たんぱく質	脂質	カルシウム	鉄	食塩相当量
107kcal	5.8g	6.3g	9mg	0.9mg	0.4g

基本のから揚げ

卵	
乳	
小麦	
そば	
落花生	
えび	
かに	
くるみ	

右：強力粉
左：米粉
下：片栗粉

鶏もも肉 ……… 45 g
しょうが ……… 0.8 g
しょうゆ ……… 0.5 g
塩 ……………… 0.5 g
片栗粉 ………… 5 g
なたね油 ……… 5 g

作り方

① 鶏もも肉は食べやすい大きさに切る。
② しょうがはすりおろし、絞る。
③ ①に②としょうゆ・塩を加えてよくもみこみ、下味をつけておく。
④ 片栗粉を③全体にまぶす。
⑤ ④を170～180℃のなたね油で揚げる。

ポイント・応用等

＊お好みでにんにくやカレー粉等を加えた味付けも！
＊片栗粉以外にも小麦粉・米粉等を使用すると食感が変わる。

エネルギー	たんぱく質	脂質	カルシウム	鉄	食塩相当量
213kcal	7.8g	21.6g	5mg	0.4mg	0.6g

主 菜

本格的な味！ 簡単カレールー

卵	
乳	
小麦	
そば	
落花生	
えび	
かに	
くるみ	

牛肉 ……… 25 g
A ┌ じゃがいも … 25 g
　│ なす ……… 15 g
　│ さやいんげん … 5 g
　│ 玉ねぎ …… 40 g
　│ かぼちゃ …… 15 g
　└ トマト …… 15 g

にんにく …… 0.3 g
しょうが …… 0.3 g
なたね油 ……… 2 g
水 ………… 130 cc
B ┌ 米粉 ……… 3 g
　│ コーンスターチ … 2 g
　└ カレー粉 …… 0.3 g

B ┌ しょうゆ …… 2.5 g
　│ ウスターソース … 2.5 g
　│ トマトケチャップ … 2 g
　│ 赤ワイン …… 1 g
　└ はちみつ …… 0.3 g

🍲 作り方

① 牛肉は2cm位に切り、にんにく・しょうがはみじん切り、Aは食べやすく切る。
② なたね油を熱しにんにく・しょうがを炒めてから、牛肉を炒める。玉ねぎから順にAを炒める。
③ ②に水を入れ、Aがやわらかくなるまで煮る（アクは取り除く）。
　（分量の水を少し残しておき、Bの水溶き用に残しておく）
④ Bをよくかき混ぜ、残しておいた分量の水で溶く。
⑤ ③鍋の火を消し④を混ぜながら少しずつ加え、再び弱火で煮込む（とろみを確認する）。

💡 ポイント・応用等

＊ルーを作ることなく、とろみがしっかりついているカレー。

エネルギー	たんぱく質	脂質	カルシウム	鉄	食塩相当量
134kcal	5.4g	5.7g	22mg	1.0mg	0.7g

サバのケチャップ煮

卵	
乳	
小麦	
そば	
落花生	
えび	
かに	
くるみ	

```
┌ サバ（生）…… 40 g    ┌ トマトケチャップ … 4 g      ┌ 酒 ……………… 2 g
│ 米粉 ………… 2 g   A│ しょうが ……… 0.8 g       │ 三温糖 ………… 2.5 g
└ なたね油 …… 2 g     └ カレー粉 ……… 0.3 g    A│ しょうゆ ……… 3 g
                                                  │ みりん ………… 3 g
                                                  └ 水 ……………… 30 cc
```

作り方

① サバは3枚におろし中骨を取り除き、一人分の分量40g位に切る。
② ①に米粉をまぶし、なたね油で両面をしっかり焦げ目がつく程度に焼く。
③ 鍋にAを煮立たせる。
④ ③に②を入れ、落し蓋をして中火以下の火加減で煮る。
＊煮汁にとろみが付き、魚に照りがつく。スチームコンベクションを使う場合も同じ。

ポイント・応用等

＊米粉を片栗粉にする場合、はがれやすいので注意すること。
＊魚嫌いの子どもたちにも好評のレシピ。

エネルギー	たんぱく質	脂質	カルシウム	鉄	食塩相当量
150kcal	8.7g	7.4g	4mg	0.6mg	0.6g

主菜

お正月料理　5種類

卵	○
乳	
小麦	
そば	
落花生	
えび	
かに	
くるみ	

（伊達巻き）

黒豆
A ┌ 黒豆（乾）……… 6 g
　├ 三温糖 …………… 4 g
　├ しょうゆ ………… 0.5 g
　└ 水 ………………… 25 cc

ごまめ
B ┌ ごまめ …………… 3 g
　├ 三温糖 …………… 0.3 g
　├ しょうゆ ………… 0.3 g
　└ 酒 ………………… 0.2 g

りんごきんとん
C ┌ さつまいも ……… 30 g
　├ りんご …………… 15 g
　└ 三温糖 …………… 2 g

伊達巻き
D ┌ 卵 ………………… 25 g
　├ はんぺん ………… 12 g
　├ 三温糖 …………… 1.6 g
　├ みりん …………… 2 g
　└ 酒 ………………… 1 g

紅白なます
E ┌ だいこん ………… 20 g
　├ にんじん ………… 3 g
　├ なたね油 ………… 0.5 g
　├ 米酢 ……………… 2 cc
　├ 三温糖 …………… 1.5 g
　├ だし汁 …………… 5 cc
　└ 塩 ………………… 0.1 g

作り方

A 調味料をすべて入れ、沸騰した後の調味液に黒豆を入れ、7～8時間おいた後、やわらかく煮る。

B ごまめはオーブンでよく煎る。調味料を煮詰め、からめる。

C さつまいもを煮てつぶし、砂糖煮した薄切りりんごを混ぜる。

D 卵・はんぺん・調味料をミキサーで攪拌し、フライパンかオーブンで焼く。熱いうちに巻きすで形を整え、粗熱がとれてから切り分ける。

E だいこん・にんじんを千切りにして、なたね油で炒め調味する。米酢は最後に入れる。

＊3品、5品を一皿に色よく盛り付ける。南天の葉等があれば美味しく見える。

エネルギー	たんぱく質	脂質	カルシウム	鉄	食塩相当量
210kcal	9.1g	5.8g	122mg	1.2mg	0.6g

根菜のカレー煮しめ

卵	
乳	
小麦	
そば	
落花生	
えび	
かに	
くるみ	

```
豚肉 ………… 25 g      干ししいたけ … 1.5 g    B ┌ みりん ………… 2 g
  ┌ ごぼう ………… 10 g    さやえんどう … 3 g      │ だし汁 ………… 30 cc
  │ 茹でたけのこ … 10 g   ┌ しょうゆ ……… 4 g       │ カレー粉 …… 0.2 g
A │ にんじん ……… 15 g   B │ 三温糖 ………… 3 g    └ なたね油 …… 1 g
  └ れんこん ……… 5 g    └ 酒 …………………… 2 g
```

作り方

① 豚肉は食べやすい大きさに切る。
② 干ししいたけは水で戻し、戻し汁は残しておく。
③ 戻した干ししいたけとAは、それぞれ食べやすい大きさに切る。
④ さやえんどうは茹で、細い斜め切りにする。
⑤ なたね油で①の豚肉、③を炒め、材料に油がなじんだらカレー粉をふり入れ炒める。
⑥ ⑤にだし汁・戻し汁を加え煮る。野菜が少しやわらかくなればBを入れ煮る。
⑦ ⑥を器に盛りさやえんどうを飾る。

ポイント・応用等

＊カレー粉の分量は食べる対象児に応じて調整する。

エネルギー	たんぱく質	脂質	カルシウム	鉄	食塩相当量
107kcal	5.8g	4.9g	17mg	0.5mg	0.6g

主 菜

洋風きんぴら

卵	
乳	
小麦	
そば	
落花生	
えび	
かに	
くるみ	

牛肉 …………… 15 g
にんじん ……… 15 g
ごぼう ………… 10 g
なたね油 ……… 1 g

しらたき ……… 10 g
⌈ じゃがいも …… 45 g
⌊ 揚げ油 ………… 4.5 g

A ⌈ 砂糖 …………… 2 g
  │ しょうゆ ……… 4 g
  │ みりん ………… 1 g
  ⌊ 水 ……………… 15 cc

作り方

① じゃがいもは短冊切り、水にさらして水分をふき取り素揚げする。
② にんじんは細目の短冊切り、ごぼうはささがきにする。
③ しらたきは茹でて2㎝位に切る。
④ 牛肉を1～2㎝に切り、なたね油を入れた鍋で炒める。
⑤ ④に②・③を入れて炒め、Aを加える。
⑥ 全体的に味がついてきたら①を入れて味をからめる。

ポイント・応用等

＊素揚げのじゃがいもが入るので、少し変わったきんぴらになる。
＊子ども達に人気のレシピ。
＊乳児には、しらたきではなく春雨等に変更する。

エネルギー	たんぱく質	脂質	カルシウム	鉄	食塩相当量
162kcal	4.0g	9.8g	20mg	0.6mg	0.6g

鶏肉の治部煮

卵	
乳	
小麦	
そば	
落花生	
えび	
かに	
くるみ	

鶏肉	40 g	にんじん	15 g	しょうゆ	2.8 g
A 酒	2 g	チンゲン菜	30 g	B みりん	2 g
塩	0.1 g	まいたけ	7 g	三温糖	1.4 g
米粉	3 g			だし汁	70 cc

作り方

① 鶏肉は皮を取り除き、1㎝厚さのそぎ切りにし、Aで下味をつける。
② ①の水分をきり、米粉をつける。余分な粉は落とす。
③ にんじんは1㎝のいちょう切りにして茹でる。まいたけは粗みじん切りにする。
④ チンゲン菜は3㎝のざく切りにし、さっと茹でる。
⑤ Bを煮立て、②の鶏肉を入れ火を通し、一度取り出す。
⑥ ⑤の煮汁に③・④を入れて煮る。
⑦ ⑥が煮えたら鶏肉を戻し、少し加熱する。

ポイント・応用等

＊肉表面に米粉をつけるので旨味が逃げない。
＊米粉を片栗粉にしてもよいが、薄くつける（多くつけると汁がドロドロになる）。

エネルギー	たんぱく質	脂質	カルシウム	鉄	食塩相当量
97kcal	10.1g	2.5g	110mg	0.6mg	0.6g

主菜

鶏ささみの春巻き

©わかやまけん・こぐま社 Licensed By Cosmo Merchandising

卵	
乳	
小麦	○
そば	
落花生	
えび	
かに	
くるみ	

鶏ささ身肉 …… 40g
にんじん ……… 6g

A
- 梅干し ………… 2g
- しょうゆ …… 0.2g
- 酒 …………… 0.5g
- 片栗粉 ……… 0.5g
- 青じそ ……… 0.5g

ミニ春巻き皮 … 1枚
なたね油 ……… 3g
水溶き小麦粉 … 適量

作り方

①鶏ささみ肉は筋を取り、3㎜幅の細切りにする。
②梅干しはみじん切りに、青じそは粗みじん切りにする。
③にんじんは長さ3㎝程度の細切りにして茹でる。
④①にAと②をからませ、しばらくおく。
⑤春巻き皮に③・④をのせて巻く。巻き終わりは水溶き小麦粉でとめる。
⑥⑤の春巻きは揚げ焼きにする（少しのなたね油で揚げ、焼く方法）。
＊揚げてもよい。

ポイント・応用等

＊茹でたにんじんの水分は取り除き、春巻きの皮で巻く。
＊小麦アレルギーの対応については、ライスペーパー・湯葉等で対応する。
　また、水溶き小麦粉に関しては、片栗粉や米粉を水で溶き加熱したのりを使用する。

エネルギー	たんぱく質	脂質	カルシウム	鉄	食塩相当量
142kcal	11.8g	3.7g	10mg	0.4mg	0.4g

サケのきのこあんかけ

卵	
乳	
小麦	
そば	
落花生	
えび	
かに	
くるみ	

```
┌ 生サケ …………… 40 g     えのきたけ …… 15 g         だし汁 ……… 40 cc
│ 塩 ……………… 0.1 g     しめじ ………… 5 g       ┌ しょうゆ …… 1.5 g
└ 酒 ……………… 1 g       にんじん ……… 5 g     A │ カレー粉 …… 0.1 g
  米粉 ……………… 3 g       干ししいたけ … 1 g       │ 三温糖 ……… 1 g
  オリーブ油 …… 2 g       きくらげ ……… 1 g       └ トマトケチャップ … 9 g
                                                      片栗粉 ……… 0.5 g
```

作り方

①サケはそぎ切りにし、塩・酒で下味をつけておく。
②干ししいたけ・きくらげは水で戻し食べやすく切る。
③にんじんは千切りに、えのきたけも食べやすい長さに切る。
④①に米粉を薄くつけ、オリーブ油で両面こんがり焼く。
⑤②と③をだし汁で煮てＡを加え調味し、最後に水溶き片栗粉でとろみをつける。
⑥④に⑤のきのこあんをかける。

ポイント・応用等

＊きのこ類は食べる対象児の年齢を考慮する（きのこは咀嚼しにくい食材のため）。
＊サケは揚げてもよい。鶏肉にも合うレシピ。
＊米粉を片栗粉等に変更してもよい。

エネルギー	たんぱく質	脂質	カルシウム	鉄	食塩相当量
152kcal	9.3g	8.5g	11mg	0.9mg	0.7g

主　菜

おさかなハンバーグ

卵	○
乳	
小麦	○
そば	
落花生	
えび	
かに	
くるみ	

魚のすり身 …… 30 g
（写真はサケ使用）
高野豆腐 …… 2.5 g
酒 …………… 0.5 g
パン粉 ……… 3 g
卵 …………… 5 g

鶏ひき肉 …… 10 g
塩 …………… 0.3 g
⎡玉ねぎ ……… 10 g
⎢えのきたけ … 7 g
⎣オリーブ油 … 2 g

A
⎡トマトケチャップ … 4 g
⎢ウスターソース … 2 g
⎢しょうゆ …… 0.4 g
⎢三温糖 ……… 0.4 g
⎣水 …………… 2 cc

作り方

①高野豆腐は熱湯で戻し、水切りしてつぶす。卵は溶きほぐす。
②玉ねぎはみじん切り、えのきたけは5㎜に切り、オリーブ油で炒め蒸しにする。
③サケ・鶏ひき肉・塩・酒をよく混ぜ、①・②とパン粉を加えさらに混ぜ成形する。
④③をフライパンかオーブンで焼く（200℃で15分～20分位）。
⑤Aを煮てソースを作り、④にかける。

ポイント・応用等

＊魚のすり身の水分量は種類により異なる。パン粉で調整する。
＊小麦アレルギーの対応については、パン粉の代わりに高野豆腐を多めにする。
＊卵アレルギーの対応については、卵の代わりに片栗粉を入れ加熱時に固まるようにする。

エネルギー	たんぱく質	脂質	カルシウム	鉄	食塩相当量
131kcal	11.5g	6.7g	27mg	0.5mg	0.7g

りんごのげんこつ揚げ

卵	
乳	
小麦	
そば	
落花生	
えび	
かに	
くるみ	

豚肉	30 g	りんご	10 g	
（写真は豚肩ロース薄切り使用）		パセリ	0.4 g	
		粒コーン	5 g	
		なたね油	5 g	

A ┌ 米粉 …………… 10 g
　├ ベーキングパウダー … 0.2 g
　├ 塩 ……………… 0.2 g
　└ 水 ……………… 7 cc

作り方

① 豚肉は3cm位に切る。
② りんごは1／8に切り、3mmのいちょう切りにする。
③ パセリは粗みじん切りにする。
④ ボウルに①・②・③と粒コーンを入れ、分量外の米粉を少しふり全体にまぶす。
⑤ Aでかたさを調整しながら水を加え天ぷら衣を作り、④のボウルに入れ全体に混ぜる。
⑥ スプーンですくって、きつね色になるまでなたね油で揚げる。

ポイント・応用等

＊高温の油で揚げない。
＊りんごの甘さとさわやかさがおいしい揚げ物。
＊しっかり噛めるレシピなので、カミカミメニューとしても。

エネルギー	たんぱく質	脂質	カルシウム	鉄	食塩相当量
132kcal	7.1g	7.3g	4mg	0.2mg	0.2g

主　菜

真珠蒸し

卵	
乳	
小麦	
そば	
落花生	
えび	
かに	
くるみ	

豚ひき肉 ……… 25 g	しょうが ……… 0.4 g	青ねぎ ………… 3 g
玉ねぎ ………… 10 g	酒 ……………… 1 g	片栗粉 ………… 2 g
しいたけ ……… 3 g	しょうゆ ……… 2 g	ごま油 ………… 0.5 g
おから ………… 10 g	塩 …………… 0.1 g	もち米 ………… 10 g
粒コーン ……… 3 g		

作り方

① もち米は洗い2時間程度水につけ、使う前にザルにあげ水分をきる。
② 玉ねぎ・しいたけ・青ねぎはみじん切りに、しょうがはすりおろす。
③ 豚ひき肉に塩・酒・おから・ごま油・しょうゆ・片栗粉を混ぜる。
④ ③に②と粒コーンを加えて全体よく混ぜる。
⑤ ④を丸め周りに①のもち米をまぶす。ホイルカップに入れ、20～25分位蒸す。

ポイント・応用等

＊豚ひき肉は塩を入れよく混ぜると、繊維がこわれてやわらかい肉団子になる。
＊肉団子の大きさをそろえる（もち米の量を考えて）。
＊もち米はアルファ化米を使用すると簡単においしくできる。
＊災害備蓄している防災食のローリングストックメニューとしても。

エネルギー	たんぱく質	脂質	カルシウム	鉄	食塩相当量
129kcal	6.1g	5.4g	15mg	0.4mg	0.4g

なす入りつくね

卵	
乳	
小麦	
そば	
落花生	
えび	
かに	
くるみ	

鶏ひき肉 ……… 30 g
酒 ……………… 0.5 g
玉ねぎ ………… 10 g
おから ………… 5 g
なたね油 ……… 1 g

塩 ……………… 0.2 g
なす …………… 20 g
しょうが ……… 0.5 g
片栗粉 ………… 2 g

A ┌ しょうゆ …… 1.7 g
  │ 酒 …………… 1 g
  │ 三温糖 ……… 1 g
  │ みりん ……… 0.5 g
  └ 水 …………… 3 cc

作り方

① しょうがをすりおろす。
② 鶏ひき肉に塩・酒と①を加えよく混ぜる。玉ねぎはみじん切りにし炒める。
③ なすは皮をむき5㎜角に切る。茹でてザルにあげ水分をきる。
④ ②に③・おから・片栗粉を加えよく混ぜる。
⑤ ④を好みの形に成形して両面焼く（オーブン・スチームコンベクション）。
⑥ Aを混ぜ合わせ、煮詰めてたれを作り、⑤にかける。

ポイント・応用等

＊茹でたなすは水分をよくきる。
＊フライパンで焼く場合は、調味料を直接入れてからめる。
＊おからの水分でかたさが変わるので、やわらかい場合は、片栗粉で調整する。

エネルギー	たんぱく質	脂質	カルシウム	鉄	食塩相当量
99kcal	6.9g	5.5g	16mg	0.5mg	0.4g

主　菜

ぎせい豆腐

卵	○
乳	
小麦	
そば	
落花生	
えび	
かに	
くるみ	

鶏ひき肉 …… 10 g	玉ねぎ ……… 10 g	┌ 三温糖 ……… 1.2 g
卵 ……………… 35 g	干ししいたけ … 0.8 g	│ みりん ………… 1 g
木綿豆腐 …… 25 g	青ねぎ ………… 3 g　A	│ 塩 …………… 0.2 g
にんじん ……… 5 g	なたね油 ……… 1 g	│ 酒 ……………… 1 g
れんこん ……… 5 g	A[だし汁 …… 10 cc	└ 薄口しょうゆ … 2 g

作り方

① 木綿豆腐は粗くつぶしザルで水分をきる。
② にんじん・れんこん・玉ねぎ・水で戻した干ししいたけは細かく切る。青ねぎは小口切りにする。
③ なたね油を熱しひき肉を炒め、②・①も加え炒める。
④ ③にAを加え、野菜をやわらかく煮る。
⑤ ④に溶き卵の１／２の量を加え、炒め煮する。
⑥ ⑤に残りの溶き卵を加え混ぜ、天板に流し160℃オーブンで焼く（25分位）。

ポイント・応用等

＊卵の１／２の量を炒め煮することでやわらかな卵焼きになる。
＊⑥の卵液は、蒸して仕上げてもよい。
＊卵アレルギーの対応については、卵の代わりにひき肉を多めに加え「のし鶏」のようにする。

エネルギー	たんぱく質	脂質	カルシウム	鉄	食塩相当量
119kcal	8.4g	6.9g	47mg	0.9mg	0.6g

長芋入り蒸し肉団子

卵	
乳	
小麦	
そば	
落花生	
えび	
かに	
くるみ	

鶏ひき肉	30g	青ねぎ	2g	薄口しょうゆ	1.5g
春雨	1g	長芋	3g	片栗粉	1g
玉ねぎ	8g	しょうが	0.5g	もち米	10g

作り方

① もち米は洗い2時間位水につけ、使う前にザルにあげ水分をきる。
② 春雨はかために戻し1㎝位に切る。
③ 玉ねぎ・青ねぎはみじん切り、長芋・しょうがはすりおろしておく。
④ 鶏ひき肉に②・③をよく混ぜ合わせる。
⑤ ④にしょうゆ・片栗粉を入れて、さらによく混ぜ合わせる。
⑥ ⑤を食べやすい大きさにして、もち米をまぶす。
⑦ スチームコンベクションや蒸し器で蒸す。

ポイント・応用等

＊真珠蒸しと同じようにもち米を使用し、卵・小麦も使わないレシピ。
＊もち米の代わりにアルファ化米・シュウマイの皮を刻んで使ってもよい。

エネルギー	たんぱく質	脂質	カルシウム	鉄	食塩相当量
106kcal	6.2g	3.7g	8mg	0.2mg	0.2g

47

主菜

焼きビーフン

卵	
乳	
小麦	
そば	
落花生	
えび	
かに	
くるみ	

ビーフン	25 g	豚肉	15 g	薄口しょうゆ	2.5 g
にんじん	12 g	青ねぎ	4 g	A 酒	1 g
キャベツ	20 g	しょうが	1 g	塩	0.3 g
玉ねぎ	10 g	なたね油	2 g		

作り方

① ビーフンはたっぷりの水でかために戻し、食べやすい長さに切っておく。
② にんじんは千切り、玉ねぎは細いくし切り、キャベツは太めの千切りにする。
③ しょうがはすりおろし、青ねぎは小口切り、豚肉は食べやすい大きさに切る。
④ なたね油を熱し豚肉・しょうがを炒め、にんじん・玉ねぎを入れて火が通ったらキャベツを炒める。
⑤ ④にAと、戻したビーフン・青ねぎを入れ味を調える。

ポイント・応用等

＊なたね油だけでなく、半分量をごま油にしてもよい。
＊カレー粉を入れるとカレービーフンになる。
＊大量調理の場合は、ビーフンを戻しすぎると団子のようになってしまうため注意する。

エネルギー	たんぱく質	脂質	カルシウム	鉄	食塩相当量
156kcal	5.6g	3.9g	23mg	0.4mg	0.7g

マーボー豆腐

卵	
乳	
小麦	
そば	
落花生	
えび	
かに	
くるみ	

豚ひき肉	25 g	木綿豆腐	80 g	酒	2 g
しょうが	0.3 g	なたね油	0.5 g	A オイスターソース	2 g
玉ねぎ	25 g	A みそ	6 g	ごま油	0.3 g
干ししいたけ	0.5 g	砂糖	1.5 g	片栗粉	2 g
青ねぎ	4 g	しょうゆ	1 g	水	50 cc

作り方

① しょうがはすりおろし、玉ねぎ・水で戻した干ししいたけはみじん切り、青ねぎは小口切りにしておく。
② 鍋になたね油をひき、しょうが・玉ねぎ・干ししいたけ・豚ひき肉を入れ順次炒める。
③ 木綿豆腐を食べやすい大きさに切り、ザルに入れ茹でる（中心温度85℃確認）。
④ ②にAと青ねぎを入れ、しんなりしてきたら水溶き片栗粉を入れてよく混ぜる。
⑤ お湯をよくきった③を④に加え、つぶさないように混ぜて再度加熱する。

ポイント・応用等

＊木綿豆腐は、大量調理の場合、中心温度が上がりにくく、水分も出やすいため一度茹でる。
＊木綿豆腐を使用することで大量調理でも豆腐がつぶれにくく、きれいに仕上がる。
＊絹ごし豆腐を使うと口当たりがよくなるが、つぶれやすくなるため注意が必要。
＊みそは2種類位を混ぜるとおいしくなる。

エネルギー	たんぱく質	脂質	カルシウム	鉄	食塩相当量
163kcal	11.0g	8.8g	85mg	1.3mg	1.0g

主菜

あっさり五目豆

©わかやまけん・こぐま社 Licensed By Cosmo Merchandising

卵	
乳	
小麦	
そば	
落花生	
えび	
かに	
くるみ	

大豆（乾）…… 10 g　　ごぼう ………… 10 g　　三温糖 ………… 3 g
水 ………… 50 cc　　にんじん ……… 10 g　　薄口しょうゆ … 1 g
塩 ………… 0.3 g　　だいこん ……… 15 g　　酒 ……………… 2 g
油揚げ ……… 10 g　　れんこん ……… 8 g　　みりん ………… 2 g
角切り昆布 … 0.5 g　　干ししいたけ … 0.8 g　　しょうゆ ……… 2.5 g

作り方

①洗った大豆を塩水につける（7～8時間）。れんこんは3mmのいちょう切りにする。
②ごぼう・にんじん・だいこんは1cmのいちょう切りにする。
③干ししいたけは水で戻して粗みじん切りに、油揚げは1cm角に切り、角切り昆布は水につける。
④大豆はつけ汁ごと火にかけやわらかくなるまで煮る（指でつぶれる程度）。
⑤④に昆布（汁ごと）・干ししいたけ（戻し汁も）・野菜も加え10分ほど煮る。
⑥⑤に油揚げ・酒・みりん・半分量の三温糖を加え10分ほど煮て、残りの三温糖を加える。
⑦野菜が煮えたら最後にしょうゆをまわし入れ、軽く混ぜる。

ポイント・応用等

＊乾燥大豆を煮る時は塩を入れると薄皮が剥がれない。アクが出るので取り除く。
＊茹で大豆、蒸し大豆使用の場合は、水・調味料等は調整する。
＊油揚げを豚肉に、昆布をひじきやこんにゃくに、野菜を他の食材に代えてもよい。

エネルギー	たんぱく質	脂質	カルシウム	鉄	食塩相当量
127kcal	6.8g	5.4g	69mg	1.1mg	0.8g

副　菜

- 献立の組み合わせにより分量を加減してください。

- 大量調理の場合（特に和え物等）調味料をすべて計量・調味してしまうのではなく、7～8割程度を計量し調味しながら仕上げていくと無駄がなく、おいしく仕上がります。

- 季節の野菜や海藻類をおいしく調理して食べられるのも副菜の魅力です。

- ブイヨン・ハム・ロースハム・ベーコン等は、アレルギー対応のものを使用しています。

副 菜

ひじきの大豆ドレッシング和え

卵	
乳	
小麦	
そば	
落花生	
えび	
かに	
くるみ	

ひじき（乾） …… 1.5 g
油揚げ ………… 5 g
A ┌ なたね油 …… 0.5 g
　│ しょうゆ …… 0.5 g
　└ 三温糖 ……… 0.1 g

にんじん ……… 7 g
きゅうり ……… 10 g
粒コーン ……… 5 g

煮大豆 ………… 8 g
B ┌ 米酢 ………… 2 cc
　│ なたね油 …… 1.5 g
　│ 水 …………… 3 cc
　│ 三温糖 ……… 0.5 g
　│ 塩 …………… 0.2 g
　└ こしょう …… 0.01 g

作り方

① ひじきは水で戻し湯通し、油揚げは油抜きして千切りに、Aで炒め薄味をつける。
② にんじん・きゅうりは千切りにして茹で、粒コーンは水分をきる。
③ Bと煮大豆をミキサーかフードプロセッサーで攪拌し、ドレッシングを作る。
④ ③で①・②の材料を和える。

ポイント・応用等

＊大豆のつぶし加減は対象児に応じ調整する。
＊ドレッシングのかたさは、茹で汁等で調整する。
＊とても優しい味で子どもに人気のドレッシング。

エネルギー	たんぱく質	脂質	カルシウム	鉄	食塩相当量
71kcal	2.8g	4.8g	56mg	0.5mg	0.4g

かぼちゃのいとこ煮

卵	
乳	
小麦	
そば	
落花生	
えび	
かに	
くるみ	

かぼちゃ ……… 60 g
三温糖 ………… 2 g
甘納豆(小豆) … 6 g

A ┌ しょうゆ ………… 1 g
　│ 薄口しょうゆ … 1.5 g
　└ 塩 ……………… 0.1 g

だし汁 ………… 40 cc

作り方
① かぼちゃは食べやすい大きさに切り、三温糖をまぶしておく（15～20分位）。
② ①にだし汁とAを入れて煮る。
③ ②がやわらかくなってきたら甘納豆を加え、味を含ませる。

ポイント・応用等
＊かぼちゃに砂糖をまぶすことで大量に調理をしても煮崩れしにくい。
＊甘納豆の甘さにより砂糖を加減する。
＊乾燥小豆から調理しないため、簡単に早くできる。
＊かぼちゃの代わりにさつまいもでもよい。

エネルギー	たんぱく質	脂質	カルシウム	鉄	食塩相当量
84kcal	1.8g	0.2g	11mg	0.4mg	0.4g

副 菜

水煮缶を使ったサバそぼろ

卵	
乳	
小麦	
そば	
落花生	
えび	
かに	
くるみ	

※写真は3色どんぶりにしています

サバ缶(水煮)… 25g　　A ┌ 酒 ………… 1g
しょうが ……… 1g　　　 │ 三温糖 …… 2g
　　　　　　　　　　　　└ しょうゆ … 3g

作り方

① サバ缶は水分をきっておく。
② 鍋に①を入れ、ほぐしながら中火にかける。
③ ②にすりおろしたしょうがとAを入れ、水分を飛ばしてそぼろ状にする。

押し寿司のようにしたレシピ

ポイント・応用等

＊お寿司やそぼろどんぶり等にしてもよい。
＊水煮缶は備蓄できるため、災害時のレシピとしてもよい。
＊サバ缶をそのまま使用するので、カルシウムが摂れる。
＊おにぎりの具材としても人気のレシピ。

エネルギー	たんぱく質	脂質	カルシウム	鉄	食塩相当量
59kcal	5.4g	2.7g	66mg	0.5mg	0.6g

なすのナムル

※写真は、なすの皮を素揚げしてトッピングしています

卵	
乳	
小麦	
そば	
落花生	
えび	
かに	
くるみ	

なす	20g	にんじん	5g	A	米酢	2cc
きゅうり	10g	ロースハム	5g		薄口しょうゆ	1.7g
はるさめ	4g				三温糖	1g
					ごま油	0.7g
					なたね油	1g

作り方

① なすは皮を縞目にむき、横半分に切り、繊維に沿って7㎜の拍子木切りにし、蒸すか茹でる。
② にんじんは千切りにして茹で、きゅうりも千切りにしてさっと茹でる。
③ はるさめは茹で(パッケージの指示を参照する)、4㎝位に切る。
④ ロースハムも千切りにして炒める。
⑤ Aを混ぜ、①・②・④が冷めたら③も加え和える。

ポイント・応用等

* なすの皮は蒸してもかたく食べにくい。むくことで味もなじみやすくなる。
* なすは繊維に沿って切ることで、くずれにくくなる。

エネルギー	たんぱく質	脂質	カルシウム	鉄	食塩相当量
52kcal	1.2g	2.4g	11mg	0.1mg	0.3g

副菜

お肉やお魚に添える夏野菜ソテー

卵	
乳	
小麦	
そば	
落花生	
えび	
かに	
くるみ	

トマト ……… 15 g	厚切りベーコン … 5 g		カレー粉 …… 0.1 g
赤パプリカ …… 7 g	にんにく ……… 0.3 g	A	三温糖 ……… 0.3 g
ズッキーニ …… 5 g	オリーブ油 …… 1 g		塩 …………… 0.2 g
なす …………… 15 g	無塩トマトジュース … 10 g		ウスターソース … 2 g
玉ねぎ ………… 15 g	水 …………… 2 cc		

作り方

① トマトは湯むきしてざく切り、赤パプリカは千切り、ズッキーニは3㎜の半月切りにする。
② なすは皮をむき細切り、玉ねぎは薄切り、ベーコンは粗みじん切りにする。
③ 鍋にオリーブ油をひき、みじん切りにしたにんにく・ベーコン・玉ねぎ・なす・赤パプリカ・ズッキーニ、最後にトマトの順で炒める。
④ ③にA・トマトジュース・水・ウスターソースを加え煮る。
⑤ なすの皮は千切りにしてオリーブ油で炒めるか、素揚げしてトッピングする。

ポイント・応用等

＊パサつきやすい魚等の付け合わせの場合、野菜をやわらかく煮るとからみやすい。
＊なすの皮は縞目模様にむく。

エネルギー	たんぱく質	脂質	カルシウム	鉄	食塩相当量
49kcal	1.4g	3.0g	11mg	0mg	0.5g

切干大根の梅肉サラダ

卵	
乳	
小麦	
そば	
落花生	
えび	
かに	
くるみ	

切干大根 ……… 3 g
にんじん ……… 5 g
きゅうり ……… 10 g
梅干し ……… 1.5 g

A ｜ 三温糖 ……… 0.8 g
｜ 塩 ……… 0.1 g
｜ 米酢 ……… 1.5 cc
｜ しょうゆ ……… 1 g

切干大根の茹で汁 … 2 cc
削り節 ……… 0.5 g

作り方

① 切干大根は戻してやわらかく茹で、ザルにあげ水分をきる（茹で汁はとっておく）。
② にんじん・きゅうりは千切りにし茹でる。
③ 梅干しは種を除きみじん切りにしてたたいておく。
④ 切干大根の茹で汁とAで③をのばす。
⑤ ④で切干大根と②の野菜を和え、削り節（さっと煎り細かくする）を混ぜる。

ポイント・応用等

＊梅干しの塩分が多い場合は塩気を抜く。

エネルギー	たんぱく質	脂質	カルシウム	鉄	食塩相当量
19kcal	0.9g	0g	20mg	0.1mg	0.5g

副菜

おからのサラダ

※写真には、紫のカリフラワーが入っています

卵	
乳	
小麦	
そば	
落花生	
えび	
かに	
くるみ	

```
┌ おから ………… 12 g      なす ………… 10 g      ┌ 米酢 ………… 2 cc
│ 酒 …………… 1 g         赤パプリカ …… 5 g    A│ 薄口しょうゆ … 1 g
│ 水 ………… 10 cc～      なたね油 ……… 2 g     └ 三温糖 ……… 0.6 g
└ ブイヨン …… 0.2 g      かぼちゃ …… 15 g
                         枝豆（むき）… 5 g
```

🍲 作り方

① 分量の水に酒を入れ沸騰させブイヨンを溶かす。このスープでおからを煮る。
② ①が煮えたら調味液Aで下味をつける。
③ かぼちゃ・なす・赤パプリカは角切りにし、なたね油で素揚げし、枝豆は茹でる。
④ ②に③の材料を加え混ぜる（野菜はそれぞれ出来上がったとき下味をつける）。

💡 ポイント・応用等

＊作り方①の段階で、おからの状態はポテトサラダ程度に仕上げる。
＊水分が少ないとパサつき食べにくい（おからの水分量に注意、水の量や煮方で調整）。
＊野菜や他の食材を代えてもよい（きゅうり・にんじん・ブロッコリー・いも類・海藻類等）。

エネルギー	たんぱく質	脂質	カルシウム	鉄	食塩相当量
48kcal	1.2g	2.3g	25mg	0.3mg	0.3g

きのことしらたきのきんぴら

©わかやまけん・こぐま社 Licensed By Cosmo Merchandising

卵	○
乳	
小麦	
そば	
落花生	
えび	
かに	
くるみ	

A ⎡ しめじ ……… 15 g
  ⎢ エリンギ ……… 7 g
  ⎣ 生しいたけ …… 5 g
    赤パプリカ …… 5 g

しらたき ……… 20 g
しょうが ……… 0.3 g
オリーブ油 …… 2 g
ツナ（油漬け）… 10 g

卵 ………………… 5 g
B ⎡ 酒 ……………… 1 g
  ⎣ しょうゆ ……… 2 g

作り方

① Aはそれぞれ食べやすく切る。赤パプリカは千切り、しょうがはみじん切りにする。
② しらたきは食べやすく切り、熱湯にくぐらせる。
③ 卵は薄焼きか炒り卵に、ツナは軽く汁気をきる。
④ 鍋にオリーブ油を熱し、しょうが・しらたきを炒め、赤パプリカ・きのこ類を炒める。
⑤ ④にツナを加えBを入れ、味がなじむまで炒める。
⑥ ⑤に卵を加え混ぜる。

ポイント・応用等

＊きのこは咀嚼しにくいので、年齢に応じ食べやすくする。
＊⑥の卵は、器に盛りつけてからトッピングしてもよい。
＊卵アレルギーの対応については、卵の代わりにツナの増量・黄色のパプリカや粒コーンを使用してもよい。

エネルギー	たんぱく質	脂質	カルシウム	鉄	食塩相当量
68kcal	13.6g	5.0g	20mg	0.4mg	0.4g

副菜

ジャーマンポテト

卵	○
乳	
小麦	
そば	
落花生	
えび	
かに	
くるみ	

じゃがいも …… 30 g　キャベツ ……… 7 g　ミニトマト …… 20 g
にんじん ……… 5 g　玉ねぎ ………… 5 g　オリーブ油 …… 1 g
ベーコン ……… 5 g　マヨネーズ …… 4 g
　　　　　　　　　　塩 ……………… 0.2 g

作り方

① じゃがいもは角切りにし、茹でて水分をきる。
② キャベツ・にんじん・玉ねぎは粗みじん切りにし炒め、蒸し煮にする（塩を加えて炒める）。
③ ベーコンは粗みじん切りにしオリーブ油で炒める。
④ ③にマヨネーズ・②の野菜・じゃがいもも加え混ぜる（じゃがいもが温かいうちに）。
⑤ オリーブ油を熱しカットしたミニトマトを炒める。

ポイント・応用等

＊じゃがいもは冷まさず、マヨネーズで炒めて仕上げる（ホットサラダ）。
＊ミニトマトをグリルかオーブンで焼く場合、カットしてからオリーブ油をまぶす。
＊卵アレルギーの対応については、卵不使用のマヨネーズ風調味料を使用する。

エネルギー	たんぱく質	脂質	カルシウム	鉄	食塩相当量
95kcal	1.7g	6.0g	10mg	0.2mg	0.2g

サケと切干大根のサラダ

卵	○
乳	
小麦	
そば	
落花生	
えび	
かに	
くるみ	

切干大根 ……… 6 g
甘塩サケ ……… 5 g
おくら ………… 7 g
きくらげ …… 0.5 g

A ┌ オリーブ油 …. 1.6 g
　 │ 米酢 ………… 1.6 cc
　 │ 薄口しょうゆ … 1 g
　 │ 塩 …………… 0.2 g
　 │ 三温糖 ……… 0.3 g
　 └ こしょう …… 0.01 g

マヨネーズ …. 1.5 g
白いりごま …… 1 g

作り方

① 切干大根は水で戻し3㎝位に切り、茹でてザルにあげる。
② サケは茹でて骨、皮を取り除きほぐす。
③ おくらは塩でもみ茹でてから切る。きくらげは戻し粗みじん切りにし茹でる。
④ 調味料Aを合わせ、ドレッシングを作る。
⑤ ①・②・③をドレッシングで和える。下味をつけてからマヨネーズ・ごまを混ぜる。

ポイント・応用等

＊切干大根を茹でる場合、乳児用はやわらかめに茹でる。
＊卵アレルギーの対応については、卵不使用のマヨネーズ風調味料を使用する。

エネルギー	たんぱく質	脂質	カルシウム	鉄	食塩相当量
62kcal	2.1g	3.5g	49mg	0.4mg	0.5g

副菜

切干大根の中華和え

卵	
乳	
小麦	
そば	
落花生	
えび	
かに	
くるみ	

切干大根 ………… 6g
水菜 ……………… 6g

にんじん ………… 6g
ツナ（油漬け）… 7g

A ┃ 米酢 …………… 1.8cc
　┃ 薄口しょうゆ … 1.5g
　┃ 三温糖 ………… 1g
　┃ ごま油 ………… 0.5g
　┃ 塩 ……………… 0.2g

作り方

① 切干大根はよく洗いほぐして、ひたひたの水で戻す。3cmの長さに切り茹でる。
② ①がやわらかくなればザルにあげ、水分をきりAを混ぜる。
③ にんじんは千切り、水菜も2～3cmに切り茹でる。
④ ③の野菜の水分を絞り、ツナも加え②と和える。

ポイント・応用等

＊切干大根は戻し汁で茹でる。そうすることで甘み、旨味が増す。
＊ツナ以外にハム等を加えてもよい。

エネルギー	たんぱく質	脂質	カルシウム	鉄	食塩相当量
51kcal	4.6g	2.0g	45mg	0.3mg	0.5g

磯辺和え・土佐和え・ごま和え

©わかやまけん・こぐま社 Licensed By Cosmo Merchandising

卵	
乳	
小麦	
そば	
落花生	
えび	
かに	
くるみ	

ほうれん草 …… 25 g
にんじん ………… 5 g
えのきたけ …… 10 g
焼きのり ……… 0.6 g

A ┌ 酒 ……………… 1 g
　│ しょうゆ …… 1.8 g
　│ 米酢 ………… 0.5 cc
　│ みりん ………… 1 g
　└ 砂糖 ………… 0.5 g

（土佐和え）
花かつお ……… 0.5 g

（ごま和え）
すりごま ……… 0.3 g

作り方

① ほうれん草は2〜3cmに切り、にんじんも千切りにし茹でる。
② えのきたけは長さ1cmに切り、酒・しょうゆ・みりん（分量内）をふりかけ蒸し煮にする（蒸し汁は捨てない）。
③ ②に細かく砕いた焼きのりを混ぜる。
④ ③が冷めたら①の野菜の水分をきり、残りのAを加え和える。

ポイント・応用等

＊えのきたけの蒸し汁は旨味が多いので捨てない。
＊調味料のいろいろ組み合わせで、味付けに変化が出る。

エネルギー	たんぱく質	脂質	カルシウム	鉄	食塩相当量
17kcal	1.4g	0.1g	17mg	0.7mg	0.3g

副　菜

里芋のツナ和え

卵	
乳	
小麦	
そば	
落花生	
えび	
かに	
くるみ	

里芋	25 g
にんじん	5 g
粒コーン	5 g

| 小かぶ | 15 g |
| ツナ（油漬け） | 8 g |

A
白みそ	2 g
薄口しょうゆ	1.3 g
三温糖	0.5 g
米酢	2 cc
豆乳	1.5 g

作り方

①里芋は5㎜の厚さに切り、塩でもみやわらかく茹でる。
②にんじん・小かぶはイチョウ切りにし、葉も1㎝に切り茹でる。
③粒コーンもザルにあげ水分をきる。
④Aをよく混ぜ、調味液を作る。
⑤①〜③の野菜とツナ、④を加え和える。

ポイント・応用等

＊里芋をよく洗い軽く茹でると、皮がむきやすくなる。
＊白みそやツナの風味で子どもたちが好きな味付けになる。
＊白みそだれは他の物にもよく合う。

エネルギー	たんぱく質	脂質	カルシウム	鉄	食塩相当量
40kcal	0.4g	0.3g	9mg	0.1mg	0.4g

絹厚揚げの和え物

右：ほうれん草
左：ブロッコリー

©わかやまけん・こぐま社 Licensed By Cosmo Merchandising

卵	
乳	
小麦	
そば	
落花生	
えび	
かに	
くるみ	

絹厚揚げ ……… 20 g
ほうれん草 …… 20 g
にんじん ……… 4 g

A ⎡ 白みそ ………… 5 g
　 ⎢ すりごま ……… 1 g
　 ⎣ 三温糖 ………… 1 g

A ⎡ 薄口しょうゆ … 1.5 g
　 ⎢ みりん ………… 0.5 g
　 ⎣ 米酢 …………… 0.4 cc

作り方

① 絹厚揚げを両面焼き砕くか、細かく切り刻む。熱いうちに混ぜ合わせたAの一部を混ぜる。
② ほうれん草は2cmに切り、にんじんは千切りにし茹でる。
③ ①が冷めたら②の水分をきり、残りのAで和える。

ポイント・応用等

＊厚揚げは焦げ目をつけ、中心まで火を通す。スチームコンベクションなら簡単にできる。
＊豆腐の白和えより水分をきる必要もなく、香ばしさが加わりおいしい。
＊菊菜等、香りの強い野菜もおいしく食べられる。

エネルギー	たんぱく質	脂質	カルシウム	鉄	食塩相当量
50kcal	2.9g	2.9g	72mg	1mg	0.3g

副菜

かぶのサラダ

卵	
乳	
小麦	
そば	
落花生	
えび	
かに	
くるみ	

```
┌ かぶ ………… 35 g       ツナ（油漬け）… 8 g      ┌ 酢 ……………… 2 cc
│ かぶの葉 ……… 5 g                            │ 薄口しょうゆ … 1 g
└ 塩 …………… 適量                          A │ 砂糖 …………… 0.2 g
                                              └ 塩 ……………… 0.1 g
```

作り方

① かぶは皮をむきいちょう切りに、葉は長さ1㎝に切り少量の塩を振りなじませる。
② ①を熱湯でさっと茹で、しっかり冷やして絞る。
③ Aと汁気を切ったツナを混ぜ、②を和える。

ポイント・応用等

＊かぶはやわらかいので長く茹でない。
＊にんじん・粒コーンを加えると彩りがよくなる。

エネルギー	たんぱく質	脂質	カルシウム	鉄	食塩相当量
32kcal	1.8g	1.7g	21mg	0.2mg	0.4g

ビーフンサラダ

卵	
乳	
小麦	
そば	
落花生	
えび	
かに	
くるみ	

ビーフン ……… 12 g
ハム ……………… 5 g
きゅうり ……… 10 g
にんじん ……… 8 g

A ⎡ 酢 ………………… 4 cc
　 ⎢ 薄口しょうゆ … 2 g
　 ⎢ 三温糖 ………… 1.5 g
　 ⎣ ごま油 ………… 0.2 g

作り方
① ビーフンは沸騰したお湯で湯がきザルにあげ、水で冷やし食べやすい長さに切る。
② にんじん・きゅうり・ハムは千切りにし加熱する。
③ Aを混ぜ合わせておく。
④ すべての材料が冷めたら、③で和える。

ポイント・応用等
＊ビーフンをはるさめに代えてもよい。

エネルギー	たんぱく質	脂質	カルシウム	鉄	食塩相当量
70kcal	1.9g	1.1g	8mg	0.1mg	0.4g

副 菜

切干大根のイタリアンサラダ

卵	
乳	
小麦	
そば	
落花生	
えび	
かに	
くるみ	

切干大根	5 g
ベーコン	5 g
にんにく	0.5 g
オリーブ油	2 g

赤パプリカ	7 g
アスパラガス	7 g
ひじき	0.5 g

A
米酢	2 cc
三温糖	0.3 g
塩	0.2 g
薄口しょうゆ	0.5 g

作り方

①切干大根は戻し3cm程度に切り、戻し汁で茹でザルにあげ水分をきる。
②赤パプリカは千切り、アスパラガスは斜め切り、ベーコンは粗みじん切りにする。
③ひじきは戻して水分をきり、にんにくはみじん切りにする。
④オリーブ油でにんにく・ベーコンを炒め、②の野菜とひじきも炒める。
⑤④に切干大根を加えAで和える。

ポイント・応用等

＊切干大根はよく洗いほぐして、ひたひたの水で戻す。好みのやわらかさに茹でる。
＊切干大根の戻し汁は捨てない。やわらかく茹でるのに使用する。
＊ベーコンの風味がよく、切干大根を使った洋風のレシピ。

エネルギー	たんぱく質	脂質	カルシウム	鉄	食塩相当量
61kcal	1.5g	4.0g	33mg	0.3mg	0.4g

汁　物

🍴 はじめは規定の量より少なめの調味料で味付けをし、確認しながら仕上げていくと無駄がなく、おいしく仕上がります。

🍴 レシピにはだし汁として記載しているものもありますが、だし汁に関しては、汁物レシピ分量表の「基本のだし汁」(p.83)を参考にしてください。

🍴 使用する調理器具（鍋・回転釜等）や熱源（ガス・電気・蒸気）により、水分の蒸発量にかなりの違いがあります。そのことに注意しながら水分調整をしてください。

🍴 ブイヨン・ハム・ロースハム・ベーコン等は、アレルギー対応のものを使用しています。

汁物

けんちん汁

卵	
乳	
小麦	
そば	
落花生	
えび	
かに	
くるみ	

木綿豆腐	35 g	糸こんにゃく	7 g	しょうが	0.5 g
豚ばら肉	7 g	油揚げ	4 g	水	150 cc
ごぼう	7 g	干ししいたけ	1 g	だし用昆布	2 g
にんじん	7 g	青ねぎ	3 g	酒	1.5 g
だいこん	10 g	ごま油	2 g	しょうゆ	3 g
				塩	0.3 g

作り方

① だし用昆布を水につけておく。
② 木綿豆腐は粗く崩し、水切りしておく。干ししいたけは水で戻し、戻し汁をとっておく。
③ 豚ばら肉は2㎝幅に切る。油揚げは千切りにし、油抜きをする。
④ しょうがはみじん切り、ごぼうは小口薄切り、にんじん・だいこんは5㎜のいちょう切り。
⑤ 糸こんにゃくは3㎝に切り湯がく。干ししいたけを粗みじんに切る。
⑥ 鍋にごま油を入れ熱し、しょうが・ごぼうを炒め、残りの材料と塩を加えて炒める。
⑦ ⑥に木綿豆腐と豚ばら肉を加え炒め、昆布だし・戻し汁・酒を加えてアクをとりながら煮る。
⑧ 野菜がやわらかくなったらしょうゆで調味し、青ねぎを加えてひと煮立ちさせる。

ポイント・応用等

＊⑦の時点あで野菜からの水分が多い場合は、別鍋で炒めるほうが風味がよい。
＊かつおだしを使用せず、簡単にできる風味のよい具だくさんの汁物。

エネルギー	たんぱく質	脂質	カルシウム	鉄	食塩相当量
99kcal	5.1g	7.6g	61mg	0.9mg	0.9g

みんなでおいしい!! クリームシチュー

卵	
乳	
小麦	
そば	
落花生	
えび	
かに	
くるみ	

鶏もも肉・皮なし	20 g	にんじん	15 g
なたね油	1.5 g	ブロッコリー	10 g
じゃがいも	20 g	ブイヨン	0.8 g
玉ねぎ	25 g		

水	50 g	無調整豆乳	60 cc
だし用昆布	0.5 g	西京白みそ	10 g
		A 米粉	2 g
		コーンスターチ	2 g
		こしょう	少々

作り方

① 鶏もも肉は食べやすい大きさに切る。ブロッコリーは小房に分け、湯がいておく。
② じゃがいもは、食べやすい角切りにして水にさらしておく。にんじんも角切りにする。
③ 玉ねぎは、1cm幅のくし切りにする。（大きい場合、長さを半分にする）
④ 鍋になたね油を入れ熱し、鶏肉を入れて少し焦げ目を付ける。
⑤ ④ににんじん・たまねぎを加え炒め、昆布だしとじゃがいも・ブイヨンを加えて煮込む。
⑥ Aをダマができないよう丁寧にかき混ぜておく。
⑦ 野菜がやわらかくなったら火を止めて、Aを少しずつ入れながらかき混ぜる。
⑧ 調味料がすべて混ざったらブロッコリーを入れ、再沸騰させる。

ポイント・応用等

＊野菜を煮込むときに蒸発量の違いにより、味・とろみの濃度が変わる。
＊西京白みその塩分により、味が変わる（塩分5％未満のものを使用）。
＊本格的なルーと変わらない食感と、乳製品を使っていないのにやさしいコクのある、みんながおいしいクリームシチューです。

エネルギー	たんぱく質	脂質	カルシウム	鉄	食塩相当量
131kcal	8.9g	3.8g	33mg	1.8mg	0.9g

汁　物

香りがよい豚汁

卵	
乳	
小麦	
そば	
落花生	
えび	
かに	
くるみ	

豚肩ロース薄切り … 20 g　だいこん …… 20 g　しょうが …… 0.8 g
にんじん ……… 7 g　ごぼう ………… 5 g　なたね油 ……… 1 g
さつまいも …… 15 g　しめじ ………… 5 g　水 …………… 130 cc
油揚げ ………… 5 g　青ねぎ ………… 5 g　みそ …………… 7 g
　　　　　　　　　　　　　　　　　　　　酒 ……………… 2 g

作り方

① 豚肉は3㎝に、だいこん・にんじん・ごぼうは細い千切りに、青ねぎは小口切りにする。
② 油揚げ・しめじは粗みじん切りに、しょうがはみじん切りに、さつまいもは食べやすい大きさに切る。
③ 鍋になたね油、しょうが、ねぎの半分量と豚肉を入れ炒める。
④ ③にごぼうから順に野菜を炒め、水と酒を加え煮る（さつまいもは最後に加える）。
⑤ 野菜が少しやわらかくなったら、半分量のみそを加えさらに加熱する。
⑥ 野菜が煮えたら残りのみそで味を調え、ねぎを加え仕上げる。

ポイント・応用等

＊ねぎ・しょうがで豚肉の臭みが軽減する。
＊きのこは、しめじに限らず別のきのこを使用してもよい。
＊いも（里芋でもよい）はつぶれるので別煮してもよい。
＊豚肉の量を少なくする場合は、昆布だしを使うことで旨味を補うことができる。

エネルギー	たんぱく質	脂質	カルシウム	鉄	食塩相当量
84kcal	1.8g	0.2g	11mg	0.4mg	0.4g

高野豆腐入りスープ

卵	
乳	
小麦	
そば	
落花生	
えび	
かに	
くるみ	

高野豆腐	2 g	無調整豆乳	45 g	こしょう	0.01 g
かぼちゃ	40 g	塩	0.3 g	パセリ	0.5 g
玉ねぎ	15 g	ブイヨン	0.8 g	水	45 cc
オリーブ油	1 g				

作り方

① 高野豆腐は沸湯したお湯に入れて戻し、ザルにあげ水きりしてつぶす。
② 玉ねぎは薄切り、かぼちゃはしま模様に皮をむき1.5cm角に切る。
③ パセリは粗みじん切りにし炒める。
④ オリーブ油で玉ねぎ・かぼちゃを炒め、水・ブイヨンを入れやわらかく煮る。
⑤ ④に①の高野豆腐・無調整豆乳を加え温め調味する（沸騰させない）。
⑥ 器に注ぎ③を散らす。

ポイント・応用等

＊高野豆腐は、沸湯したお湯で戻すととてもやわらかくなる。
＊玉ねぎはよく炒める。
＊煮込み時間、釜の大きさ等によって水分の蒸発量が違う。
＊必ず味をみて、調味料・水分調整を行う。

エネルギー	たんぱく質	脂質	カルシウム	鉄	食塩相当量
86kcal	3.7g	2.7g	29mg	0.9mg	0.6g

汁　物

豆入りスープ

卵	
乳	○
小麦	
そば	
落花生	
えび	
かに	
くるみ	

ベーコン ……… 5 g	にんにく …… 0.5 g	スキムミルク … 2 g
玉ねぎ ………… 15 g	オリーブ油 …… 1 g	┌ 塩 ………… 0.3 g
干ししいたけ … 1 g	水・戻し汁使用 … 90 cc	A │ 三温糖 ……… 0.3 g
ミックス豆 …… 15 g	無塩トマトジュース … 20 g	└ こしょう … 0.01 g
（ひよこ豆・赤えんどう）	ブイヨン …… 0.5 g	パセリ ……… 0.5 g
完熟トマト …… 15 g	トマトケチャップ　2 g	粉チーズ …… 2 g
セロリ ………… 3 g		

作り方

① ベーコン・玉ねぎ・湯むきしたトマト・水で戻した干ししいたけは粗みじん切りにする。
② 鍋にオリーブ油を入れ、みじん切りにしたにんにくと小口切りにしたセロリを炒める。
③ ②にベーコン・玉ねぎ・戻した干ししいたけを加えよく炒める。
④ ③にトマトを加え水（しいたけの戻し汁も使用）、ブイヨンも加えてアクをとりながら煮る。
⑤ ④にミックス豆・トマトジュース・トマトケチャップとAを加え味を調える。
⑥ ⑤に水溶きスキムミルクを加えさっと煮る。
⑦ ⑥を器に盛り、粉チーズ、みじん切りパセリを散らす。

ポイント・応用等

＊スープの時の玉ねぎは繊維に直角の薄切りで、よく炒めると味がよくなる。
＊乳アレルギーの対応については、スキムミルク・粉チーズを除去する。

エネルギー	たんぱく質	脂質	カルシウム	鉄	食塩相当量
68kcal	3.6g	3.2g	37mg	0.3mg	0.7g

かぶの和風スープ

卵	
乳	
小麦	
そば	
落花生	
えび	
かに	
くるみ	

かぶ	30 g	水菜（青菜）	5 g	酒	1 g
にんじん	5 g	鶏がらスープ	70 cc	A しょうゆ	1 g
ベーコン	5 g	昆布だし汁	60 cc	塩	0.3 g
なたね油	1 g			こしょう	0.01 g

作り方

① かぶは3㎜のいちょう切りに、にんじんは2㎜のいちょう切りにする。
② ベーコンは粗みじん切りにする。
③ なたね油を熱しベーコンを炒め、にんじん・かぶを炒める。
④ ③に昆布だし、鶏がらスープ、酒を入れやわらかく煮る。
⑤ ④にAを入れ、器に茹でた水菜を入れできあがったスープを注ぐ。

ポイント・応用等

＊かぶはすぐ煮えるので火を入れすぎると煮崩れる。

エネルギー	たんぱく質	脂質	カルシウム	鉄	食塩相当量
38kcal	1.9g	2.1g	17mg	0.5mg	0.6g

汁　物

とうもろこしのすまし汁

卵	
乳	
小麦	
そば	
落花生	
えび	
かに	
くるみ	

生とうもろこし … 10 g　　にんじん ……… 5 g　　だし汁 ……… 150 cc
絹ごし豆腐 ……10 g　　A⎡塩 ……………… 0.3 g
カットわかめ …0.2 g　　 ⎣しょうゆ ……… 1.5 g

作り方

① とうもろこしは皮をむき芯から実を削る。
② にんじんは長さ3㎝の千切りにする。
③ だし汁でにんじん・とうもろこしを煮る。
④ 野菜が煮えたらAで調味し、絹ごし豆腐・砕いたカットわかめを加えひと煮立ちさせる。

ポイント・応用等

＊実のよく入った新鮮なとうもろこしを使用する。
＊水溶き片栗粉でとろみをつけてもよい。
＊とうもろこしの香りとやさしい甘さが引き立つ、旬だからこそできる献立。

エネルギー	たんぱく質	脂質	カルシウム	鉄	食塩相当量
24kcal	2.2g	0.5g	17mg	0.3mg	0.6g

切干大根のスープ

卵	
乳	
小麦	
そば	
落花生	
えび	
かに	
くるみ	

切干大根	2 g	小松菜	10 g	酒	1 g
ベーコン	1.5 g	鶏がらスープの素	0.4 g	塩	0.3 g
にんじん	5 g	水	150 cc	しょうゆ	1 g
きくらげ	0.5 g			こしょう	0.01 g

(A: 酒・塩・しょうゆ・こしょう)

作り方

① 切干大根を水で戻し2cmに切る。
② ベーコンは、細かく刻む。
③ きくらげは水で戻し千切りに、にんじんも長さ2cm程度の千切りにする。
④ 切干大根の戻し汁で、切干大根をやわらかく煮る。
⑤ ④ににんじん・きくらげを加え煮る。最後に1cm位に切った小松菜を加え煮る。
⑥ 野菜に火が通ればAを加えて味を調える。

ポイント・応用等

＊切干大根の戻し汁は使う。アクが出るので取り除く。

エネルギー	たんぱく質	脂質	カルシウム	鉄	食塩相当量
15kcal	1.2g	0g	137mg	0.8mg	0.5g

汁　物

冬瓜(とうがん)のごま汁

卵	
乳	
小麦	
そば	
落花生	
えび	
かに	
くるみ	

冬瓜	30 g	ねりごま	3 g	だし汁	190 cc
絹厚揚げ	15 g	みそ	5 g	すりごま	1 g
にんじん	7 g	しょうゆ	1 g	焼きのり	0.7 g

作り方

① 冬瓜は厚く皮をむき食べやすく切る。
② にんじんは長さ3cm、厚さ3～4mmの拍子木切りに、厚揚げは湯通しして5mmの厚さに切る。
③ みその半分量にねりごまを混ぜる。
④ 鍋にだし汁を入れ、冬瓜・にんじんを入れ少し煮る。
⑤ ④に③のごまみそと厚揚げを加え煮る。
⑥ ⑤に火が通ったら、残りのみそ・すりごま・しょうゆを入れ調味する。
⑦ 器に盛り、細かく砕いた焼きのりを散らす。

ポイント・応用等

＊冬瓜は切った後、さっと下茹ですると青くささがとれる。
＊使用するみそにより塩分量が異なるので、みその量やしょうゆを調整する。
＊ねりごま・すりごま・焼きのりの風味がとてもよい。
＊具だくさんの汁物（水分量は少なめ）。

エネルギー	たんぱく質	脂質	カルシウム	鉄	食塩相当量
67cal	3.7g	4.1g	102mg	1.1mg	0.7g

中華はくさいスープ

卵	
乳	
小麦	
そば	
落花生	
えび	
かに	
くるみ	

はくさい ……… 12 g　　ベーコン ……… 2 g　　　　　塩 ……………… 0.3 g
にんじん ……… 4 g　　緑豆春雨 ……… 2 g　　A｜薄口しょうゆ … 1 g
だいこん ……… 15 g　　鶏がらスープ … 150 cc　　　　ごま油 ………… 0.3 g

作り方

① ベーコンは、細切りにしておく。
② はくさいは葉と芯の部分に分けて 2 ㎝位に切る。
③ だいこんは短冊切り、にんじんは千切りにしておく。
④ 鍋に鶏がらスープとにんじん・だいこん・はくさいの芯を加えてアクをとりながら煮る。
⑤ 緑豆春雨をかために戻し、2 ㎝位に切っておく。
⑥ ④に⑤とはくさいの葉を加えAを入れ、ひと煮立ちさせる。

ポイント・応用等

＊中に入れる具材を旬の野菜や好みのものに代える。

エネルギー	たんぱく質	脂質	カルシウム	鉄	食塩相当量
24kcal	2.0g	0.3g	10mg	0mg	0.7g

汁物

納豆汁

材料					
油揚げ	5g	納豆(極小粒)	10g	みそ	7g
小松菜	10g	ごま油	1g	だし汁	150cc
しめじ	7g	スキムミルク	1g		

アレルゲン	
卵	
乳	○
小麦	
そば	
落花生	
えび	
かに	
くるみ	

作り方
① 油揚げは湯通しして食べやすく切る。
② しめじは石づきをとり食べやすく切る。
③ 小松菜は2cmに切り茹でる。
④ ごま油でしめじ・油揚げ・納豆の順に炒め、だし汁を加え少し煮る。
⑤ ④に少量のだし汁で溶いたスキムミルクと、みそを加え調味する。
⑥ 最後に小松菜を入れひと煮立ちさせる。

ポイント・応用等
＊乳児には納豆は洗ってぬめりをとりつぶすか、ひきわり納豆を使う。
＊乳アレルギーの対応については、スキムミルクを除き、油揚げや納豆を少し増やす。

エネルギー	たんぱく質	脂質	カルシウム	鉄	食塩相当量
70kcal	4.4g	4.2g	58mg	0.9mg	0.7g

沢煮碗

材料					
豚肩ロース薄切	5g	ごぼう	5g	ごま油	0.5g
にんじん	8g	青ねぎ	5g	A[しょうゆ	1.5g
だいこん	12g	だし汁	150cc	[塩	0.3g

アレルゲン	
卵	
乳	
小麦	
そば	
落花生	
えび	
かに	
くるみ	

作り方
① 豚肉は細切りにし、さっと熱湯にくぐらせ冷水にとりザルに上げる。
② だいこん・にんじん・ごぼうは千切りに、青ねぎは小口切りにする。
③ ②のねぎ以外の野菜をだし汁でやわらかく煮る。
④ 野菜が煮えたら、①の豚肉、青ねぎ、Aを加えて味を調える。最後にごま油を加え混ぜる。

ポイント・応用等
＊野菜は大きさを揃えて切る。

エネルギー	たんぱく質	脂質	カルシウム	鉄	食塩相当量
39kcal	2.1g	1.8g	15mg	0mg	0.7g

船場汁

サバ(生) …… 20 g	だいこん …… 15 g	塩 …………… 0.2 g
塩(ふり塩) 0.4 g	にんじん …… 5 g	薄口しょうゆ … 2 g
しょうが汁‥ 0.8 cc	昆布のだし汁 … 150 cc	青ねぎ ……… 5 g
酒 …………… 2 g		

卵	
乳	
小麦	
そば	
落花生	
えび	
かに	
くるみ	

作り方

① 3枚におろしたサバの骨を取り除き、塩をふり1時間置く。
② ①のサバを水洗いし20gに切る。水分をふき取りしょうが汁（半分量）・酒をふっておく。
③ だいこん・にんじんは3cmの千切りに、青ねぎは小口切りにする。
④ 昆布のだし汁でだいこん・にんじんを煮て、沸騰させながらサバを加え煮る。
⑤ 酒・しょうゆ・塩で調味し、青ねぎを加えひと煮立ちさせる。残りのしょうが汁を加え混ぜる。

ポイント・応用等

＊薄塩サバも使えるが、その場合は茹でて塩分を除く。
＊丁寧にアクをとることがポイント。

エネルギー	たんぱく質	脂質	カルシウム	鉄	食塩相当量
59kcal	4.1g	3.4g	8mg	0.2mg	0.6g

長芋のビシソワーズ

長芋 ………… 30 g	スキムミルク … 10 g	こしょう …… 0.01 g
水 …………… 60 cc	ブイヨン …… 0.4 g	生クリーム … 4 g
	塩 …………… 0.2 g	

卵	
乳	○
小麦	
そば	
落花生	
えび	
かに	
くるみ	

作り方

① 皮をむいた長芋・水・スキムミルク・ブイヨンをミキサーに入れ攪拌する。
② ①を鍋に入れ加熱する。
＊火が入るととろみがつき鍋底が焦げやすくなるので注意する（混ぜる）。
③ 塩・こしょうで味を調える。
④ 火が通ったら生クリームを加え混ぜ、ひと煮立ちさせる。

ポイント・応用等

＊器に盛り分けてから好みの材料をトッピングする（粒コーン・トマト・青み野菜等）。
＊乳アレルギーの対応については、スキムミルク・生クリームの代わりに豆乳・白みそを使用。

エネルギー	たんぱく質	脂質	カルシウム	鉄	食塩相当量
41kcal	1.1g	1.9g	17mg	0.1mg	0.4g

汁　物

きのこ汁

木綿豆腐 …… 15 g	青ねぎ ……… 3 g	塩 ………… 0.3 g
にんじん …… 7 g	しょうが …… 1 g	だし汁 …… 135 cc
きのこ類 …… 10 g	片栗粉 ……… 1 g	
油揚げ ……… 7 g	薄口しょうゆ … 2 g	

卵	
乳	
小麦	
そば	
落花生	
えび	
かに	
くるみ	

作り方

① きのこ類を食べやすい大きさに切りほぐしておく。
② にんじん・油揚げは、細切りにしておく。
③ 木綿豆腐は角切りにしておき、しょうがはしぼり汁を使う。
④ だし汁に①・②を入れて加熱し、木綿豆腐を入れ、薄口しょうゆと塩で調味する。
⑤ 仕上げに水溶き片栗粉と小口切りした青ねぎ・しょうがしぼり汁を入れて仕上げる。

ポイント・応用等

＊いろいろな種類のきのこを入れると、旨味が増す。
＊豆腐の代わりに玉麩等を入れてもよい。
＊絹ごし豆腐を使うと口当たりがよくなるが、崩れやすいので注意が必要。

エネルギー	たんぱく質	脂質	カルシウム	鉄	食塩相当量
54kcal	3.8g	3.1g	42mg	0.4mg	0.7g

ごま風味スープ

玉ねぎ ……… 10 g	にんじん …… 5 g	A [辛みそ ……… 4 g
キャベツ …… 15 g	なたね油 …… 0.5 g	甘みそ ……… 1 g
にんにく …… 0.2 g	水菜 ………… 5 g	だし汁 …… 140 cc
		すりごま …… 0.2 g

卵	
乳	
小麦	
そば	
落花生	
えび	
かに	
くるみ	

作り方

① 玉ねぎ・キャベツ・にんじんは、千切りにする。
② 鍋になたね油とみじん切りにしたにんにくを入れ加熱し①を炒める。
③ ②にだし汁を入れアクをとりながら煮込む。
④ Aで味を調え1㎝に切った水菜を加え、仕上げにすりごまを加える。

ポイント・応用等

＊材料を炒めることでコクのあるみそ汁になる。

エネルギー	たんぱく質	脂質	カルシウム	鉄	食塩相当量
29kcal	1.7g	0.9g	30mg	0.3mg	0.7g

汁物レシピ分量表

レシピ名	材 料 と 分 量（g）
基本のだし汁 （かつおと昆布の混合だし）	［みそ汁の水：だしの分量：みその分量 　水（150）：かつお節・昆布（それぞれ2〜3）：淡色辛みそ（6〜7） ＊煮干しを加えてもよい
豆腐のみそ汁	豆腐（20）・油揚げ（3）・カットわかめ（0.3）
じゃがいものみそ汁	じゃがいも（20）・カットわかめ（0.3）・玉ねぎ（10）・油揚げ（3）
麩のみそ汁	麩（2）・カットわかめ（0.3）・ねぎ（5）
切干大根のみそ汁	切干大根（2）・油揚げ（2）・ねぎ（3）
きのこと豆腐のみそ汁	きのこ類（10）・豆腐（20）
豚汁	豚ばら肉（10）・だいこん（15）・にんじん（7）・きのこ（7）・芋類（15）・ねぎ（5）・ごぼう（5）
赤出汁	なめこ（10）・絹ごし豆腐（20）・ねぎ（2） ＊使用するみそを八丁みそや名古屋みそにする
かぼちゃのみそ汁	かぼちゃ（30）・玉ねぎ（15）・ねぎ（3）
切干大根のみそ汁	切干大根（3）・油揚げ（5）・にんじん（5）・ねぎ（3）
ごま風味和風スープ	玉ねぎ（10）・キャベツ（15）・にんじん（5）・にんにく（0.2）・ごま油（0.3）・水菜（5）・すりごま（0.2）
豆腐のすまし汁	かつおと昆布の混合だし汁（150）・豆腐（20）・にんじん（4）・カットわかめ（0.3）・塩（0.3）・しょうゆ（1〜）
吉野汁	混合だし汁（150）・鶏肉（10）・だいこん（15）・にんじん（5）・里芋（10）・油揚げ（5）・青菜（3）・片栗粉（1〜）・塩（0.2）・しょうゆ（3〜）
きのこ汁	混合だし汁（150）・えのきたけ（7）・しめじ（10）・しいたけ（7）・油揚げ（5）・塩（0.2）・酒（2）・みりん（1）・しょうゆ（2）
けんちん汁	混合だし汁（150）・木綿豆腐（15）・だいこん（15）・ごぼう（4）・にんじん（5）・干ししいたけ（0.6）・ねぎ（3）・ごま油・なたね油（1）・酒（2）・薄口しょうゆ（4）
そうめん汁	混合だし汁（150）・そうめん（8）・にんじん（8）・ねぎ（3）塩（0.2）・薄口しょうゆ（2）
かす汁	混合だし汁（150）・豚肉（7）・にんじん（15）・だいこん（20）・油揚げ（5）・ねぎ（4）・酒粕（6）・白みそ（6）・薄口しょうゆ（2）
雪見汁	混合だし汁（150）・絹ごし豆腐（15）・だいこん（30）・みつば（3）・薄口しょうゆ（2）・塩（0.2）・酒（1）・片栗粉（1.5）

汁　物

レシピ名	材　料　と　分　量（g）
あったか汁	混合だし汁（140）・だいこん（20）・にんじん（12）・油揚げ（7）・玉麩（1）・ねぎ（3）・しょうが（1）・片栗粉（1）・薄口しょうゆ（3）
かぼちゃのスープ（じゃがいも・さつまいも）	ブイヨン（70）・牛乳（40）・かぼちゃ（30）・玉ねぎ（20）・バター（1）・塩（0.2）・パセリ（0.3）・クラッカー1枚（じゃがいもやさつまいもでもよい）
トマトとレタスのスープ	ブイヨン（150）・玉ねぎ（10）・トマト（10）・レタス（10）・なたね油（1）・塩（0.3）・しょうゆ（1）
レタススープ	ブイヨン（150）・レタス（12）玉ねぎ（8）・にんじん（8）・ホールコーン（8）・ベーコン（3）・なたね油（0.5）塩（0.2）・しょうゆ（1）
オニオンスープ	ブイヨン（150）・玉ねぎ（40）・バター（1）・塩（0.4）・パセリ（0.5）＊バターの代わりにオリーブ油やなたね油でもよい
コーンスープ	コンソメ顆粒（0.8）・クリームコーン（50）・玉ねぎ（10）・小麦粉（4）・牛乳（60）・バター（4）・パセリ（0.5）・塩（0.3）・こしょう（0.01）
簡単コーンスープ	クリームコーン（30）・玉ねぎ（10）・なたね油（1）・ベーコン（4）・コンソメ顆粒（0.8）・塩（0.2）・コーンスターチ（0.8）・水（130）＊水の1／3を牛乳・豆乳に変えてもよい
ミネストローネスープ（コンソメ味）	マカロニ（6）・ベーコン（7）・にんじん（15）・玉ねぎ（20）・キャベツ（15）・パセリ（1）・塩（0.2）・ブイヨン（140）・
ミネストローネ（トマト味）	トマト（15）・マカロニ（6）・ベーコン（7）・にんじん（15）・玉ねぎ（20）・キャベツ（10）・パセリ（1）・塩（0.2）・ブイヨン（140）
椎茸と豆腐のスープ	鶏がらスープ（150）・豆腐（20）・茹で筍（10）・干ししいたけ（0.8）ねぎ（2）酒（1）・塩（0.3）・しょうゆ（1）
白菜のスープ	鶏がらスープ（150）・白菜（20）・にんじん（5）・きくらげ（0.7）・干しえび（1）・ねぎ（3）
五目スープ	鶏がらスープ（150）・豚薄切り肉（10）・茹で筍（7）・生しいたけ（7）・にんじん（5）・ねぎ（3）・しょうが（0.5）・にんにく（0.3）・塩（0.3）・しょうゆ（1）・酒（1）・片栗粉（1.5）・ごま油（0.5）
冬瓜のそぼろスープ	冬瓜（25）・鶏ひき肉（8）・にんじん（6）・片栗粉（1）・ねぎ（3）・しょうが（0.5）・塩（0.3）薄口しょうゆ（1）・酒（1）・鶏がらスープ（150）

🍴 おやつは「ちいさなごはん」です。摂取しにくい栄養素をおやつで補うことができます。

🍴 子どもたちの栄養補給にも楽しみにも欠かせないものです。

🍴 主食のメニューからおやつとして提供できるものもたくさん記載しています。

🍴 ブイヨン・ハム・ロースハム・ベーコン等は、アレルギー対応のものを使用しています。

🍴 米粉は必ず製菓用米粉を使用しましょう。

おやつ

おやつの米粉について

　おやつのレシピに使われている「米粉」と記載されているものは、「製菓用の米粉」を使用しています（以下米粉）。
　「こめ油」と記載しているものは、米ぬか油・米油などと記載され販売されている商品を使用しています。

　米粉は、いろいろな種類・メーカーのものが販売されています。同じレシピで作っても使用する米粉によって出来上がりに大きな違いがでます。レシピに記載されている分量をもとに、使用している米粉に合わせた水分調整が必要です。水分を多く入れてしまうとドロドロになってしまいます。状態をしっかり見ながら少しずつ水分を加え、おいしい味に仕上げてください。

　3種類の米粉を同じレシピで作った蒸しパンです（8号カップ使用）。
　　左　：製菓用米粉（今回レシピで使用している物）
　　中央：違うメーカーの製菓用米粉
　　右　：製菓用ではなく米粉として販売されている物

基本の米粉蒸しパン

卵	
乳	
小麦	
そば	
落花生	
えび	
かに	
くるみ	

米粉	15 g	ベーキングパウダー	1 g	水	10 cc〜
三温糖	5 g	塩	0.1 g	こめ油	1 g

作り方

① ボウルに米粉・三温糖・ベーキングパウダー・塩を入れよく混ぜる。
② ①に生地がタラタラと落ちる程度のかたさになるよう、必要な分量の水を加え混ぜる。
③ ②の生地にこめ油を加え混ぜ合わせる（ゆっくり流れる位のかたさのとてもやわらかい生地）。
④ ③の生地をカップに入れ13〜15分強火で蒸す。
＊スチコンや蒸し器は、出来上がるまで絶対に蓋をあけない。

ポイント・応用等

＊大量調理する場合、少量ずつ仕上げることでとてもきれいに仕上がる。
＊使用している米粉を知ることが大切。

エネルギー	たんぱく質	脂質	カルシウム	鉄	食塩相当量
67kcal	0.5g	1.5g	25mg	0mg	0.4g

おやつ

いろんな米粉蒸しパン　4種類

卵	
乳	
小麦	
そば	
落花生	
えび	
かに	
くるみ	

上段：ココア …… 0.4 g　　　上段：きな粉 …… 1.5 g
下段：抹茶 …… 0.3 g　　　下段：すりごま …… 1 g

〜基本の米粉蒸しパンをベースに味を変化させる。前頁を参考にしてください。〜

米粉 …… 15 g　　ベーキングパウダー … 1 g　　水 …… 10 cc 〜
三温糖 …… 5 g　　塩 …… 0.1 g　　こめ油 …… 1 g

作り方

① ボウルに米粉・三温糖・ベーキングパウダー・塩を入れよく混ぜる。
② 好みの味を粉に混ぜ合わせる。
③ ②に生地がタラタラと落ちる程度のかたさになるよう、必要な分量の水を加え混ぜる。
④ ③の生地にこめ油を加え混ぜ合わせる。
⑤ ④の生地をカップに入れ13〜15分強火で蒸す。

＊大量調理の場合、少量ずつ仕上げることでとてもきれいに仕上がる（少量ずつ材料を混ぜること、少量ずつ蒸すことともに上手に仕上げるコツ）。

	エネルギー	たんぱく質	脂質	カルシウム	鉄	食塩相当量
ココア	68kcal	0.6g	1.6g	26mg	0.1mg	0.4g
抹茶	68kcal	0.6g	1.5g	26mg	0.1mg	0.4g
きな粉	74kcal	1.1g	1.9g	28mg	0.2mg	0.4g
ごま	73kcal	0.7g	2.0g	37mg	0.1mg	0.4g

小豆あん入り蒸しパン

卵	
乳	
小麦	
そば	
落花生	
えび	
かに	
くるみ	

- 米粉 ……………… 10 g
- 三温糖 …………… 3 g
- ベーキングパウダー … 0.8 g
- 粒あん ………… 20 g
- 水 ……………… 10 cc
- こめ油 ………… 2 g

作り方

① ボウルに米粉・三温糖・ベーキングパウダーを入れよく混ぜ合わせる。
② 別のボウルに粒あんを入れ、分量の水を加え、なめらかになるまで混ぜ合わせる。
③ ②にこめ油を入れよく混ぜ合わせる。
④ ③に①を入れよくかき混ぜる（かたさの目安は、泡だて器で持ち上げた時にすぐ落ちるかたさ）。
⑤ 生地をカップに入れ、強火で12～15分蒸す。

ポイント・応用等

＊オーブンで焼き上げ、カップケーキのようにしてもよい。
＊あんの甘みが強い場合は、砂糖を減らして調理する。
＊大量調理の場合、数回に分けて調理するときれいに仕上がる。

エネルギー	たんぱく質	脂質	カルシウム	鉄	食塩相当量
114kcal	1.7g	2.2g	24mg	0.3mg	0.2g

おやつ

さつまいも入り豆腐ドーナツ

卵	
乳	
小麦	
そば	
落花生	
えび	
かに	
くるみ	

絹ごし豆腐 ‥‥‥ 20 g
さつまいも ‥‥‥ 10 g
三温糖 ‥‥‥‥‥ 6 g
米粉 ‥‥‥‥‥‥ 15 g

ベーキングパウダー ‥‥ 1 g
おからパウダー ‥‥ 0.6 g
（微粉タイプ）
レモン汁 ‥‥‥‥ 0.3 g
塩 ‥‥‥‥‥‥‥ 0.1 g

揚げ油 ‥‥‥‥‥‥ 4 g

🍳 作 り 方

① さつまいもは茹で、熱いうちに三温糖を加えながらなめらかにつぶす。
② 絹ごし豆腐はボウルに入れマッシャーでつぶし①に加えよく混ぜ合わせる。さらにレモン汁を加え混ぜる。
③ ボウルに米粉・ベーキングパウダー・おからパウダー・塩を入れ泡だて器で混ぜる。
④ ③の粉類を②に入れ、全体を粉が残らないようによく混ぜ合わせる。混ぜながら加えなじませるとよい（かたさの目安は、手で成形できるかたさ）。
⑤ ④の生地を好みの形（ボール型、ドーナツ型など）に整え160〜170℃でゆっくり揚げる。

💡 ポイント・応用等

＊豆腐の水分等でかたさが大きく変わるので注意する。
＊低温を維持して揚げると油きれのよい美味しいドーナツができる。

エネルギー	たんぱく質	脂質	カルシウム	鉄	食塩相当量
123kcal	1.8g	5.3g	36mg	0.4mg	0.4g

米粉ごまクッキー

卵	
乳	
小麦	
そば	
落花生	
えび	
かに	
くるみ	

A ┌ 米粉 ………… 10 g
　├ コーンスターチ … 3 g
　├ おからパウダー … 2 g
　└ ベーキングパウダー … 0.3 g

すりごま ……… 1 g
いりごま ……… 1 g

無調整豆乳 …… 4 g
三温糖 ………… 6 g
こめ油 ………… 6 g

🍲 作 り 方

① ボウルにAを入れよくかき混ぜ合わせる。
② 別ボウルに無調整豆乳・三温糖・こめ油を入れ泡だて器でよくかき混ぜる。
③ ②に①を入れ、しっかりと混ぜ合わせ生地をまとめる。
＊米粉・おからパウダーの違いでかたさが変わる。豆乳・こめ油でかたさを調整する。
④ 生地を等分に分けて3㎜位の厚さにし、170℃のオーブンで12～15分焼く。

💡 ポイント・応用等

＊かたさを調整し、まとまる状態にする。
＊ごま以外にきな粉や、ココアパウダーを使う等と応用可能。
＊少し成形しにくいが、サクサク食感でとてもおいしいクッキー。

エネルギー	たんぱく質	脂質	カルシウム	鉄	食塩相当量
140kcal	1.3g	8.7g	32mg	0.4mg	0.1g

おやつ

さつまいも入り米粉クッキー

卵	
乳	
小麦	
そば	
落花生	
えび	
かに	
くるみ	

A ┌ 米粉 ……………… 10 g
　├ コーンスターチ … 3 g
　├ おからパウダー … 2 g
　└ ベーキングパウダー … 0.3 g

さつまいも …… 3 g
三温糖 ………… 6 g

無調整豆乳 …… 3 g
こめ油 ………… 6 g

作り方

① ボウルにAを入れよくかき混ぜる。
② さつまいもは皮をむき茹でる。水分をよくきって熱いうちにしっかりつぶす。
③ ②が熱いうちに三温糖を加える。こめ油・無調整豆乳を加え、その都度よく混ぜる。
④ ③に①の粉類を入れ、しっかりと混ぜ合わせ生地をまとめる（少し寝かせるとよい）。
⑤ 生地を等分に分けて3mm程度の厚さにし、170℃のオーブンで13～16分焼く。

ポイント・応用等

＊使用する米粉・おからパウダーによってかたさが変わる。豆乳やこめ油でかたさを調整し、生地がまとまるようにする。
＊しっかり焼き上げるほうが、風味がよくおいしい。

エネルギー	たんぱく質	脂質	カルシウム	鉄	食塩相当量
142kcal	1.0g	7.7g	21mg	0.2mg	0.2g

みんなに大人気!! 米粉バナナケーキ

卵	
乳	
小麦	
そば	
落花生	
えび	
かに	
くるみ	

- 米粉 ………… 10 g
- ベーキングパウダー … 0.8 g
- おからパウダー … 2 g
  （微粉タイプ）
- 完熟のバナナ …. 15 g
- レモン汁 ……… 0.5 g
- 三温糖 ………… 4 g
- こめ油 ………… 5 g
- 無調整豆乳 …… 8 g

作り方

① 米粉・ベーキングパウダー・おからパウダーを泡だて器で混ぜ合わせる。
② バナナはマッシャー等でつぶし、レモン汁をかける。
③ ②に三温糖・こめ油・無調整豆乳を順次加える。その都度、しっかり混ぜ合わせる。
④ ③に①を加えしっかり混ぜ合わせる。
　（かたさの目安は、泡だて器で生地を持ち上げた時に落ちにくい、マッシュポテト位のかたさ）
⑤ 生地をカップに入れ、180℃のオーブンで15分〜20分焼く。

ポイント・応用等

＊必ず完熟のバナナを使用すること。甘みうまみが格段に違う。
＊使用する米粉・おからパウダーによってかたさが変わるので豆乳で、調整する。
＊大量調理する場合は、少量ずつ小分けにすると失敗がない。

エネルギー	たんぱく質	脂質	カルシウム	鉄	食塩相当量
98kcal	1.4g	5.5g	26mg	0.2mg	0.1g

おやつ

おはぎ（里芋入り2種類・簡単2種類）

卵	
乳	
小麦	
そば	
落花生	
えび	
かに	
くるみ	

ごはんにあんこを混ぜることで、あんこの苦手な子どもも食べやすく、全体に味がいきわたっておいしい！

里芋入り2色おはぎ
- 米 …………… 25 g
- 塩 …………… 0.2 g
- 里芋 ………… 20 g

- 小豆 ………… 8 g
- 三温糖 ……… 5 g
- 白いりごま …… 1 g
- 青のり粉 …… 0.2 g

簡単おはぎ
- 米 …………… 25 g
- 塩 …………… 0.1 g
- 小豆 ………… 8 g
- 三温糖 ……… 6 g
- きな粉 ……… 3 g

🍚 作 り 方

里芋入り2色おはぎ

①里芋は皮をむき3㎜位に切る。洗った米に里芋・塩を加え炊飯する。

②小豆をやわらかく煮て、三温糖を加えあんを炊く。

③①をすりこぎ等で半つきにする。

④1人2個の俵形のおはぎを作り、①に白いりごまを混ぜたものと、青のり粉をつける。

＊写真右下は、里芋入りおはぎのごはん部分、これに青のり粉をふりかける。

簡単おはぎ

①小豆をやわらかく煮て、三温糖を加えあんを炊く。

②米は普通の水加減で塩を加えて炊き、炊き上がったら半つきにする。

③②に①を混ぜ、好みの大きさに丸め、きな粉をまぶす。

💡 ポイント・応用等

＊乳児にはかじりとりの練習ができるよう、俵形のおはぎにする。

	エネルギー	たんぱく質	脂質	カルシウム	鉄	食塩相当量
里芋入り2色おはぎ	154kcal	3.7g	0.9g	23mg	1.0mg	0.2g
簡単おはぎ	150kcal	4.2g	1.2g	13mg	0.8mg	0.1g

黒糖わらび餅

卵	
乳	
小麦	
そば	
落花生	
えび	
かに	
くるみ	

わらび餅粉 ….. 12 g　　粉黒砂糖 ……… 8 g　　きな粉 ………… 6 g
白玉粉 ………… 3 g　　水 ……………… 60 cc

🍳 作り方

①白玉粉をボウルに入れ、少量の水（分量内）で練る。
②①にわらび餅粉・粉黒砂糖・水を加え、よく混ぜ完全に溶かす。
③②を鍋に入れ火にかけ、へらで混ぜながら炊く。
④③が少し透明になれば弱火にして、焦がさないように練る。
⑤バットに流し冷やす。食べやすく切り、きな粉をまぶす。

💡 ポイント・応用等

＊わらび餅粉、白玉粉はよく練るほど美味しく、餅らしくなる。
＊黒砂糖の他、三温糖・上白糖・きび砂糖等、お好みの砂糖で。
＊白玉粉を練り上げることで美しく仕上がる。
＊抹茶等を入れてもよい。
＊最後にまぶすきな粉に砂糖を混ぜていないので、時間がたっても水分でベタベタになりにくい。

エネルギー	たんぱく質	脂質	カルシウム	鉄	食塩相当量
99kcal	1.8g	1.1g	27mg	0.7mg	0g

おやつ

じゃがいも餅　5種類

卵	
乳	○
小麦	
そば	
落花生	
えび	
かに	
くるみ	

（5のみ）

基本餅 A
- じゃがいも ····· 50 g
- 片栗粉 ············ 5 g
- なたね油 ········· 2 g

1
- 基本餅のA
- ちりめんじゃこ ··· 2 g
- 青のり粉 ····· 0.01 g

2
- 基本餅のA
- 焼き海苔 ······· 0.4 g
- しょうゆ ······· 0.2 g

3
- 基本餅のA
- 粒コーン ········· 3 g
- ひじき ··········· 0.1 g

4
- 基本餅のA
- ハム ············· 3 g
- 青菜 ············· 1 g

5
- 基本餅のA
- チーズ ············ 5 g
- パセリ ·········· 0.5 g

🍳 作り方

①じゃがいもは皮をむき適宜切って10分程水にさらし茹でる。

②①が熱いうちにポテトマッシャーでつぶし、片栗粉を加えよく混ぜる。

＊1〜5を作る際は、できあがった②に残りの材料を加え混ぜる。

③②を1cm位の厚さに丸め、フライパンになたね油を熱し両面こんがり焼く（オーブンで焼いてもよい）。

💡 ポイント・応用等

＊1〜5の組み合わせの他、色々な材料を混ぜると美味しい。

＊じゃがいも以外にさつまいも・かぼちゃを使ってもよい。

＊つぶす時かたくなることもあるので、茹で汁や湯を加え調節する。

＊甘辛だれや、ケチャップ味等組み合わせ次第で甘くないおやつ（補食）となる。

	エネルギー	たんぱく質	脂質	カルシウム	鉄	食塩相当量
基本餅	73kcal	0.8g	2.1g	3mg	0.2mg	0.2g

小麦粉の蒸しパン

卵	○
乳	○
小麦	○
そば	
落花生	
えび	
かに	
くるみ	

- 薄力粉 ………… 20 g
- ベーキングパウダー … 0.8 g
- 卵 ………………… 6 g
- 三温糖 ………… 8 g
- 牛乳 …………… 14 g
- 無塩バター …… 2 g

作り方

① 薄力粉・ベーキングパウダーを合わせて2回ふるう。
② ボウルに溶き卵・三温糖・牛乳・溶かした無塩バターを順に混ぜる。
③ ②に①を加えさっくり混ぜる。
④ ③をカップに入れ、強火で10〜15分位蒸す。

ポイント・応用等

＊小麦粉を混ぜる時はさっくり混ぜる（一度に多くの量を作らない）。
＊③の生地の状態は、流れないかたさに仕上げる（蒸しあがった時、割れ目ができる）。
＊抹茶やココア等いろいろな味に応用できる。
＊アレルギーの対応については、米粉の蒸しパン（P.87〜89）を参考に。

エネルギー	たんぱく質	脂質	カルシウム	鉄	食塩相当量
135kcal	3.1g	3.5g	51mg	0.7mg	0.2g

おやつ

いも蒸しようかん

卵	
乳	
小麦	
そば	
落花生	
えび	
かに	
くるみ	

さつまいも …… 40 g　　片栗粉 ………… 1 g　　甘納豆 ………… 8 g
三温糖 ………… 6 g　　米粉 …………… 2 g
　　　　　　　　　　　水 ……………… 20 cc

作り方

①さつまいもは蒸すか茹で、熱いうちにつぶし三温糖を混ぜる。
②米粉・片栗粉は分量の水を入れよく混ぜる。
③甘納豆はザルに入れ流水でさっと洗う。
④①が温かいうちに②・③を加え全体に混ぜる。
⑤④をカップに入れ15分位蒸す。

ポイント・応用等

＊さつまいもの甘さ加減により、砂糖の量を調節する。
＊甘納豆は全体に混ぜても、各々の容器に入れてもよい。

エネルギー	たんぱく質	脂質	カルシウム	鉄	食塩相当量
124kcal	1.2g	0.1g	19mg	0.4mg	0g

団子　2種類

ごはん入り

あん入り

卵	
乳	
小麦	
そば	
落花生	
えび	
かに	
くるみ	

ごはん入り団子
- ごはん ………… 35 g
- 白玉粉 ………… 20 g
- 水 ……………… 16 cc〜
- きな粉 ………… 3 g
- 三温糖 ………… 2 g

あん入り団子
- 白玉粉 ………… 10 g
- 水 ……………… 20 cc〜
- 粒あん ………… 8 g
- 米粉 …………… 6 g
- はったい粉※ …… 5 g
- 三温糖 ………… 2 g
- きな粉 ………… 3 g

※はったい粉は、こうせん、麦こがし、おちらし粉、煎り麦等地域によって呼び名が異なります。大麦やハダカムギを乾煎りし、挽いて粉にしたものです。アレルギーの対応が必要な場合があります。

作り方

ごはん入り団子
① ごはんは水でさっと洗う。白玉粉と水でかための団子を作り、洗ったごはんと混ぜる。
② よくこねたら、好みの大きさに丸め茹でる。
③ きな粉と三温糖を混ぜ、②にまぶす。

あん入り団子
① 白玉粉に水を入れ耳たぶのやわらかさになるまでこねる。
② ①に粒あんを加え混ぜる。次に米粉・はったい粉を合わせた粉を混ぜる。
③ 水を加えて耳たぶのやわらかさの団子を作り、丸めて茹でる。
④ きな粉と三温糖を混ぜ、③にまぶす。

	エネルギー	たんぱく質	脂質	カルシウム	鉄	食塩相当量
ごはん入り団子	162kcal	3.8g	1.4g	12mg	0.7mg	0g
あん入り団子	120kcal	3.1g	1.2g	10mg	0.6mg	0g

おやつ

だいこん餅

卵	
乳	
小麦	
そば	
落花生	
えび	
かに	
くるみ	

だいこん ……… 40 g　　白玉粉 ………… 15 g　　（お好みで）
青ねぎ ………… 8 g　　米粉 …………… 5 g　　しょうゆ ……… 1 g
塩 ……………… 0.1 g　ハム …………… 5 g　　酢 ……………… 1 g
ごま油 ………… 5 g

作り方

① だいこんは皮のまま2／3分量すりおろし、ザルで水分をきる。残りは千切りにする。
② 青ねぎは小口切りに、ハムはみじん切りにする。
③ ボウルにだいこんを入れ、白玉粉を加えよく混ぜなじませる。
④ ③に千切りだいこん・青ねぎ・ハム・塩を加えよく混ぜる。
⑤ ④に米粉を加えこねて（生地は耳たぶのやわらかさに）、丸く形を整える。
⑥ プレートを温めごま油を熱し、⑤を両面こんがり焼く。

ポイント・応用等

＊だいこんは時期により水分量に違いがある。ザルできる水分は残し調整する。
＊最終的に耳たぶのやわらかさになるよう、だいこん汁や米粉で調整する。
＊クッキング保育のレシピとしてもよい。

エネルギー	たんぱく質	脂質	カルシウム	鉄	食塩相当量
129kcal	2.4g	5.5g	18mg	0.4mg	0.2g

ごまゆべし

卵	
乳	
小麦	
そば	
落花生	
えび	
かに	
くるみ	

A ┏ すりごま ……… 4 g
　┃ 米粉 …………… 20 g
　┗ 粉黒砂糖 ……… 11 g

しょうゆ ……… 1.2 g
水 ……………… 27 cc

はったい粉※ …… 2 g

※はったい粉についてはP.99参照

作り方

① ボウルにAを入れ混ぜる。
② 分量の水としょうゆを混ぜる。
③ ①に②を少しずつ混ぜながら入れる。
④ バットに③の生地を流し強火で20〜25分程蒸す。
＊生地の厚さは1cm位にすると蒸し上がりがよく、バットからはがれやすくなり、味もよくなる。
⑤ ④が十分に冷めたらバットからはがし、好みの大きさに切り、はったい粉をまぶす。

ポイント・応用等

＊蒸しあがったゆべしは、十分冷たくしてからヘラではがす。
＊金属のヘラを使うと、バットの中で切ることもできる。
＊はったい粉の他、きなこ等をまぶしてもよい。
＊はったい粉は、アレルギーの対応が必要な場合があるので確認する。

エネルギー	たんぱく質	脂質	カルシウム	鉄	食塩相当量
150kcal	2.4g	3.0g	31mg	0.7mg	0.2g

おやつ

コーンスナック

卵	
乳	○
小麦	
そば	
落花生	
えび	
かに	
くるみ	

コーンフレーク(プレーン)… 10 g　　無塩バター …… 4 g　　マシュマロ …… 7 g

作り方

①鍋に無塩バターを溶かし、マシュマロを加えて弱火で溶かす。
②マシュマロが完全に溶けたら、コーンフレークを加え全体よく混ぜる。
③バットにオーブンシートを敷き、②をのせ好みの厚さにする。
④冷めたら包丁で切り分ける。

（カリッとした食感にする方法）
＊マシュマロを少し色づくまで加熱するとキャラメルのような味わいになる。
＊作り方③の時、オーブン鉄板に②を薄くひき150℃で焼く。冷めるとカリカリな状態になる。

ポイント・応用等

＊コーンフレークの他、ポップコーン・米ポン菓子・いり大豆・いりごま等を混ぜてもよい。
＊バターを油に代えてもよい。その場合、油3gにする。
＊マシュマロを多くして、ポップコーンでクリスマスツリーも。
＊一度にたくさん作ると混ぜにくく、味が均一にならないので注意する。
＊乳アレルギーの対応については、バターを植物油に代える。

エネルギー	たんぱく質	脂質	カルシウム	鉄	食塩相当量
112kcal	1.7g	5.3g	13mg	0.2mg	0.2g

みんなでおいしい!! たこ焼き

卵	
乳	
小麦	
そば	
落花生	
えび	
かに	
くるみ	

```
┌ 白玉粉 ……… 10 g      キャベツ ……… 18 g       ┌ 濃厚ソース ……… 4 g
│ 水    ……… 10 cc〜   青ねぎ  ………  2 g     A│ ケチャップ ……… 1 g
  米粉   ………  8 g    ゆでたこ ……… 10 g       └ みりん   ……… 0.5 g
└ 片栗粉  ………  2 g    塩     ……… 0.2 g      ┌ 青のり   ……… 0.1 g
                       なたね油  ………  6 g     └ 花かつお  ……… 0.3 g
```

作り方

①キャベツはみじん切り、青ねぎもみじん切りにしておく。
②白玉粉に少量の水を加え粒がなくなり、まとまる程度のかたさにする。
③②に①を加える。水分が出てくるのでやわらかくなる。
④③に米粉・片栗粉・ゆでたこを加えてよく練り上げる。かために仕上げる。
⑤170℃の揚げ油に④を一口大にして入れ、色よく揚げる。
⑥Aを合わせてひと煮立ちさせておく。
⑦⑤に⑥・花かつお・青のりをふりかける。

ポイント・応用等

＊水分を少なくして、かために仕上げると油っぽくなく、焼いたようにカリッと仕上がる。大人にも子どもにも大人気のレシピ！
＊大量の場合、数回に分けて粉類とキャベツを混ぜる。
＊必ず、キャベツを入れる。入れないと揚げている時に爆発することがある。

エネルギー	たんぱく質	脂質	カルシウム	鉄	食塩相当量
188kcal	3.7g	10.3g	16mg	0.4mg	0.7g

おやつ

コーンパンケーキ

卵	
乳	
小麦	
そば	
落花生	
えび	
かに	
くるみ	

米粉 ………… 12 g	パセリ ………… 1 g	（お好みで）	
片栗粉 ………… 3 g	ベーコン ………… 4 g	ケチャップ …… 4 g	
ベーキングパウダー… 0.8 g	水 …………… 15 cc		
クリームコーン … 20 g	なたね油 …… 0.8 g		

🍲 作り方

① 米粉・片栗粉・ベーキングパウダーをよく混ぜ合わせておく。
② 水とクリームコーンをよくかき混ぜる。
③ ベーコン・パセリをみじん切りにする。
④ ①に②を加えてかき混ぜ③を加える。
⑤ オーブン（ホットプレート）になたね油をひき、スプーンで落として焼き上げる。

💡 ポイント・応用等

＊大量に作る場合、一度に生地を作らずに何度かに分けるときれいに仕上がる。
＊クッキング保育でも大活躍！
＊ベーコンを、ハム・ツナ・ちりめんじゃこ等に代えてもよい。

エネルギー	たんぱく質	脂質	カルシウム	鉄	食塩相当量
94kcal	2.1g	1.9g	25mg	0.3mg	0.4g

水菜のチヂミ

卵	
乳	
小麦	
そば	
落花生	
えび	
かに	
くるみ	

白玉粉	10 g	水菜	5 g	水	15 cc
米粉	12 g	にんじん	5 g	なたね油	0.5 g
片栗粉	3 g	ちりめんじゃこ	2 g	ごま油	0.5 g
		塩	0.1 g		

作り方

① 白玉粉に半分量の水を加えよく混ぜる。
② 米粉・片栗粉・塩を乾いたボウルに入れ、混ぜ合わせておく。
③ 水菜1.5cmに切り、にんじんは2cm程度の千切りにする。
④ ①に②・③と、ちりめんじゃこを入れよく混ぜ合わせ、水でかたさを調整する。
⑤ 2種類の油をひいた鉄板で④を両面色よく焼き上げる。

ポイント・応用等

＊ベーコンやハムを入れてもおいしい。
＊水菜以外の色々な野菜で作ることができる。
＊クッキング保育にも活用できる。
＊白玉粉を最初に水でふやかしておくこと。水が多い場合は、米粉・片栗粉で調整する。

エネルギー	たんぱく質	脂質	カルシウム	鉄	食塩相当量
105kcal	1.9g	1.2g	85mg	0.5mg	0.1g

おやつ

もちもちパン　3種類

卵	
乳	○
小麦	
そば	
落花生	
えび	
かに	
くるみ	

（ごまチーズ）

ごまチーズ
- 白玉粉 ………… 25 g
- 牛乳 …………… 30 g
- 塩 ……………… 0.1 g
- 粉チーズ ……… 6 g
- 黒ゴマ ………… 1 g
- なたね油 ……… 2 g

抹茶小豆
- 白玉粉 ………… 25 g
- 水 ……………… 12 cc
- 塩 ……………… 0.1 g
- 抹茶 …………… 0.02 g
- 三温糖 ………… 2.5 g
- 甘納豆 ………… 3 g
- なたね油 ……… 2 g

イタリアン風
- 白玉粉 ………… 25 g
- トマト(無塩)ジュース … 30 g
- 塩 ……………… 0.1 g
- ハム …………… 5 g
- 乾燥パセリ …… 0.1 g
- なたね油 ……… 2 g

作り方

① 白玉粉に水分（牛乳・水・トマトジュースのいずれか）を入れよく混ぜ、ようやくまとまる位のかたさにする（少し残してかたさを調整するとよい）。
② 他の材料を①によく混ぜ合わせる（かたく仕上げる）。
③ ②になたね油を入れてさらによく混ぜ、食べやすい大きさに丸める。
④ 190～200℃のオーブンで12～15分焼く（オーブンによって調整）。

ポイント・応用等

＊白玉粉と水をよく混ぜる。やわらかくすると失敗して餅のようになる。
＊丸めるまでにやわらかくなってしまったら片栗粉・米粉等を加える。
＊具材の組み合わせによって、いろいろ味が楽しめる。

エネルギー	たんぱく質	脂質	カルシウム	鉄	食塩相当量
165kcal	5.4g	5.7g	124mg	0.4mg	0.3g

もちもちパンの作り方〜生地の様子〜

←作り方①の様子
水分を加えよく混ぜ、よくこねる。
ようやくまとまる位のかたさ。
＊たこ焼き（p.103）も同様！

作り方③の様子→
油を加えよくこねると右のようになる。
粘土位のかたさ。

←成形の様子
1人分量は3個
形が崩れないのがポイント！

焼き上がりの様子→
190〜200℃のオーブンで12〜15分焼く。
＊オーブンにより温度・時間を調整する。
　割れ目ができるのが目安！

おやつ

りんごのとろーりゼリー

卵	
乳	
小麦	
そば	
落花生	
えび	
かに	
くるみ	

りんご ………… 40 g　　片栗粉 ………… 3 g
水 ……………… 20 cc　　りんごジュース … 15 cc

🍳 作 り 方

① 鍋に水と食べやすい大きさに切ったりんごを入れる。
　（人数・加熱時間により水分の蒸発が違うので、水は様子を見て調整）
② 対象年齢に合ったかたさになったら、りんごジュースで溶いた片栗粉を入れる。

(配食してからとろみをつける方法)
① やわらかくなったりんごを配食の器に盛りつける。
② 鍋に残った煮汁にりんごジュースで溶いた片栗粉を入れしっかり加熱する。
③ ①に②のりんごとろみソースをかける。
＊味をみて砂糖を加えてもよい。

💡 ポイント・応用等

＊皮とともに煮込むと淡いピンク色になる。
＊りんごは、年齢によって切り方や大きさ、仕上がりのかたさ（加熱時間）に変化を付ける。
＊冷たくしても、温かい状態で提供しても食感が変わって楽しめる。
＊片栗粉をコーンスターチ、わらび餅粉に代えてもよい。

エネルギー	たんぱく質	脂質	カルシウム	鉄	食塩相当量
38kcal	0.1g	0.1g	2mg	0.1mg	0g

参考資料

離乳食について

　離乳食は、開始時期や進め方の個人差が大きく、対応に戸惑うことも少なくありません。子どもの発達に合わせた離乳食の進め方を理解しましょう。

　授乳時期から食物アレルギーの対応は行いますが、離乳食に関して注意すべきことは、正しい知識を持ち・安心安全に進めることが大切です。

　離乳食は、口腔内の発達をしっかり理解する必要があります。口腔内の発達と離乳食の形状を理解し、幼児食への移行がスムーズに進み、咀嚼・嚥下といった機能がしっかり育つように焦ることなく丁寧に進めていただきたいと思います。

　離乳食の進み方は、階段のように一気にステージが変わるものではありません。なだらかな坂道のように進んでいきます。やわらかく煮たにんじんを例にすると、かたさはやわらかく煮た状態で同じであっても、形状やつぶし方、食材と水分の割合が変化していきます。

米粉がゆ

10倍がゆ

> 米粉がゆは水溶き片栗粉とは全く異なるとろみの形状で、ペーストになった食材の沈殿を防ぎます。なめらかなとろみが混ぜた食材を嚥下しやすい状態にしてくれます。

7倍がゆ

5倍がゆ

完了期（12〜18か月頃）
軟飯〜ごはん

初期（5〜6か月頃）

中期（7〜8か月頃）

後期（9〜11か月頃）

完了期（12〜18か月頃）

🥄 離乳食　卵の進め方

　離乳食を開始し、豆腐や白身魚が食べられるようになった1か月後ぐらいからかたく茹でた卵の卵黄を試し始めます。初めての食品は、まず家庭で食べるようにしましょう！

基本的なかたゆで卵の作り方
①鍋に卵と、卵がかぶる量の水を入れて火にかける。
②沸騰したら中火にして15分間しっかり茹でる。
③卵を水にとり、すぐに皮をむき素早く白身と黄身に分ける。
＊卵白のアレルゲンが黄身に移行してしまうので、できるだけ早く分離することが大切です。
＊初めは耳かき1さじから始めます。
＊そのままではなく、おかゆや水分のあるものと混ぜてなめらかな状態にします。

卵黄を水で溶いてなめらかにするだけでも良いですが、これは米粉がゆを加えてさらになめらかにしています。細かなかたさ調整も可能です。

🥄 クッキング保育について

クッキング保育計画表

(記入例)

年月日	年　月　日　曜	時　間	
クラス名		場　所	
献立	・じゃがいも餅	内容	・収穫したいもを洗う ・ピーラーで皮をむく（安全に） ・じゃがいもからやわらかい餅になることを理解する。
調理室での準備物		保育室での準備	
食材	・じゃがいも・片栗粉・塩・植物油		・子ども達が収穫したいもなら、掘ってしばらく置いたものを使う ＊収穫したじゃがいもを保存する際は、直射日光に当てないこと。
必要器具	・ピーラー・包丁・まな板・ザル・ボウル・鍋・バット・ポテトマッシャー・しゃもじ・フライ返し・布巾		・手指消毒薬・台布巾・ホットプレート・カセットコンロ（給食室で煮てもらう場合は必要ない）

<子どもの活動>

- じゃがいもを洗う。ピーラーで皮をむく。保育士に切ってもらう。茹でる。（給食室でも可）
- 保育士の作業を見学（茹で汁をきり、ポテトマッシャーでつぶす。熱いうちに片栗粉・塩を入れしゃもじで全体によく混ぜる）。
- 少し冷めたら一人分ずつ分ける。よくこね、厚さ1cm、直径4cm位に丸く成形する。
- ホットプレートを温め油かバターで両面色よく焼く。

<子どもの様子・反省・感想>

- クッキングに使用する器具の説明をした時の様子を観察する。
- 作業に無理はなかったかを話し合う。
- 焼きたてを食べさせる。冷めるとかたくなりおいしさは半減する。
- その時子どもが発した言葉や感想等を記録する。

🥄 簡単クッキングレシピ

園での収穫野菜を使って（一例）
※★のついている献立はレシピ集に掲載。

じゃがいも
　★じゃがいも餅（団子）・★みそ汁・フライドポテト・チヂミ・ポテトサラダ・コロッケ・カレーライス（夏野菜も入れる）

玉ねぎ
　★みそ汁・スープ・野菜炒め（ピーマン等の夏野菜も）・ピザ・カレーライス

きゅうり
　★きんぴらきゅうり・★かっぱおにぎり・ごま酢和え・たたききゅうり

さつまいも
　★豚汁・シュガーソテー・いもあん（煮りんご等他の食材混ぜて茶巾しぼり）・いも団子・ニョッキ・いもあめ・大学いも・スイートポテト

お米
　炊飯（計量・洗米・無洗米も教える）・きりたんぽ・五平餅・おにぎりと具材色々・★つぶつぶ団子

だいこん
　★切干大根・みそ汁・★だいこん餅・さつま汁（★豚汁等具だくさんの汁物）

その他
　★コーンスナック・干し柿・ジャム・豆腐団子

● 簡単クッキングレシピ

レシピ名	作り方	必要器具
じゃがいも餅 材料（1人分） 　じゃがいも ⋯⋯ 50g 　　片栗粉 ⋯⋯⋯⋯ 5g 　　塩 ⋯⋯⋯⋯⋯ 0.2g 　　なたね油 ⋯⋯⋯ 2g	①じゃがいもをよく洗い皮をむき一口大に切る。 ②いもを洗ってやわらかく蒸すか、茹でる。 ③マッシャーでつぶす（ビニール袋を使ってもよい）。熱いうちに片栗粉・塩を加え混ぜる。 ④1cm位の厚さに丸め、ホットプレートを熱し、なたね油をしき両面きつね色に焼く。	ピーラー・包丁・まな板・ザル・ボウル・鍋・コンロ・フライ返し・ホットプレート・お皿
シュガーソテー 材料（1人分） 　さつまいも ⋯⋯ 50g 　バター ⋯⋯⋯⋯ 4g 　グラニュー糖 ⋯ 4g	①さつまいもは0.7㎜位の輪切り、10分位水につけザルにあげペーパーで軽くふく。 ②グラニュー糖をバットに広げ、いもの両面にしっかりつける。 ③ホットプレートにバターを溶かし、いもの両面を焼く。 ＊グラニュー糖がついているので、焦がしすぎないよう気をつける。	包丁・まな板・ザル・キッチンペーパー・バット・フライ返し・ホットプレート・お皿
炊飯・おにぎり 材料（1人分） 　米 ⋯⋯⋯⋯⋯ 50g 　塩 ⋯⋯⋯⋯⋯ 少々 　好みの具材 ⋯⋯ 適宜 　　じゃこわかめ 　　サケ・粒コーン 　　おかか・梅干し等	①ザルとボウルを重ね、計った米を洗う（3回程度水をかえる）。 ②①の米と水を炊飯器に入れ30分置く。 ③スイッチを入れ炊く（炊ける音、匂いを感じる） ④炊けたらしゃもじでごはんをふんわり混ぜる。 ⑤好みの具材を準備する。 ⑥手のひらにラップをのせごはんをおく。 ⑦手で包んで、ギュッと握る。	ボウル・ザル・炊飯器・ラップ・しゃもじ・塩・好みの具材
きりたんぽ 材料（1人分） 　米 ⋯⋯⋯⋯⋯ 37g 　みそ ⋯⋯⋯⋯⋯ 5g 　砂糖 ⋯⋯⋯⋯⋯ 3g 　みりん ⋯⋯⋯⋯ 3g 　すりごま ⋯⋯⋯ 2g	①普通の水加減で炊飯する。 ②ごはんをボウルに移し、すりこぎで7分程度つぶす（ラップで包みつぶしてもよい） ③②を40gに分け、そのまま握り割りばしにくっつける。 ④プレートを温め、回しながら全体を焼く。 ⑤鍋にみそ・砂糖・みりん・すりごまを入れ、よく混ぜ火にかけ、焦がさないように煮る。 ⑥⑤のみそだれを塗る（もう一度焼くと香ばしくなる）	ボウル・ザル・炊飯器・すりこぎ・ホットプレート・しゃもじ・割りばし・ラップ・鍋・ハケ

レシピ名	作 り 方	必 要 器 具
野菜炒め（味の比較体験をする） 焼きそば **材料（1人分）** ┌ 玉ねぎ ………… 適量 │ 塩・なたね油 … 適量 │ こしょう・しょうゆ … 適宜 │ 他の収穫野菜 … 適宜 │ 焼きそば麺 …… 50g └ 豚肉ばら …… 7g～ 　ソース等 …… 適宜	①玉ねぎの皮をむきヘタを切りよく洗う。 ②縦半分に切り、繊維に沿って薄切りにする。 ③ホットプレートを温め、なたね油と玉ねぎを入れ炒める。 ④炒め時間の長短の比較・味付け・味無しの比較をして美味しさを感じる。 ⑤後は焼きそば作りへ移行する。 ⑥肉をよく炒め、他の野菜も炒め、麺をほぐしながら炒めて仕上げる。 ⑦塩味・ソース味を作り、いろいろな味を感じ、味覚を広げる。	包丁・まな板・ザル・ボウル・バット・フライ返し・箸・トング・ホットプレート（フライパン使用なら、カセットコンロ）・お皿
じゃがいものチヂミ **材料（1人分）** 　じゃがいも …… 80g 　ねぎ …………… 5g 　ちりめんじゃこ … 3g 　塩 …………… 0.2g 　ごま油 ………… 適量	①じゃがいもは皮をむきすりおろす。 ②①を細かい目のザルにあける（水分は捨てず、底にたまるでん粉を使う）。 ③②にねぎ・ちりめんじゃこ・塩を入れ混ぜる。 ④③をプレートにごま油をひき、強火で両面焼く。	ピーラー・ザル・ボウル・お玉・フライ返し・ホットプレート
手作り切干大根 **材料** 　だいこん …… 適宜	①だいこんをよく洗う。6～7ミリ厚さの輪切りにし、6～7ミリの千切りにする。 ②①を大きいザルに広げ天日干しにする（万能干しカゴなら出来上がりも早く便利である）。1週間位でできあがる。 ③夜は室内に取り入れる。 ＊ピーラーで子どもたちがだいこんの皮をむいてもよい。	まな板・包丁・広いザルか吊るし干しカゴ ・ピーラー
いもあん・茶巾しぼり **材料（10人分）** 　さつまいも … 400g 　砂糖 ………… 20g～ 　甘納豆 ……… 適量 　パイン缶 …… 適量 　煮りんご …… 適量	①さつまいもの皮をむき茹でて熱いうちにつぶす。 ②好みの量の砂糖を入れ混ぜる（かたさは茹で汁で調節する） ③②に甘納豆・粗みじん切りのパイン缶・煮りんごを混ぜる。 ④ラップで好みの量を包む	ピーラー・まな板・包丁・ボウル・鍋・マッシャー・木しゃもじ・スプーン・ラップ

あとがき

　保育所現場栄養士として30数年、子どもたちの素敵な笑顔に元気をもらい、楽しく務めることができました。退職後も京都府保育協会の研修会では、調理実習を担当させて頂き、離乳食や幼児食（和食献立・手作りおやつ等々）の実習を重ねるうちに「保育所現場ですぐに役立つレシピ集」の出版をすごく意識するようになりました。

　集大成で残したいと思っても、私一人では到底実現できぬ大きな夢。でも、こうして叶えられたのも、伴先生の存在でした。親子程年齢差のある二人が意気投合し、レシピ集出版までに至ったのは、何度も研修会で講師を一緒に担当する中で、食に対する感覚がすごく似ていると感じられたからです。また、「美味しいものを作り、共に楽しく食べ、幸せと感じ、食べる事が大切であるという思い」が共有できていたからです。私たちは現在もそれぞれの自宅にて料理教室を開催し、食を通して人との繋がりを大切にしています。

　食育基本法制定後は各方面で「食育」の取り組みがなされてきました。各保育所においても子どもの発達に沿った食育が展開されているところです。子どもの育ちをとらえた継続的な取り組み、発達に合わせた丁寧な食事作りやアレルギー児等個々への対応が、子どもの発達を保障する上でとても重要なことです。　さらに発達著しい乳幼児期だからこそ、いろいろな食材を使って味を経験させ、咀嚼、嚥下等の機能獲得も行い「食べる力」を身につけていくのです。このような思いがいっぱい詰まった美味しい食事こそが「保育所における食育の原点」だと思います。

　子どもたちは保育所での食事が大好きです。「いいにおいがするわ〜！これは〇〇の匂いやな〜！早く食べたいな〜！ああ美味しかった〜！今日のおやつ何〜？また作ってね！」等々、食事への期待感や食べた感想・つぶやきなどをいっぱい聞けるということ、「五感を育てる」上で最も重要なことは、保育所内に調理室があるということなんだと思います。

　このレシピ集が「美味しい食事作り」の一助になれば幸いです。将来の子どもたちの健康は、皆様の手に託されていることも忘れないで下さい。

　　　　　　　　　　　　　　　　　　　　　　　　　　　　　佐井　かよ子

私のはじめての勤務先は、病院でした。食べるということが命に直結していることを実感するとともに、「食べる」ということが生きる力であり、楽しみであることも実感しました。そのあと、小学校・中学校の学校給食と保育所給食にかかわる中で、「子どもって成長しているんだな。」と同じ時間の経過の中で成長している子どもたちから、いろんなことを教えてもらってきたように思います。

　佐井先生と二人で、「自分たちの仕事をいつか形に残せたらいいな～」と話をしていましたが、今回、本当に冊子を作成できることになり、うれしく思っている以上に、びっくりもしています。調理実習・レシピ作成をしながら「こんな風にできるのは、お互い子どもたちの側にいたから・感覚が同じだからできるんだね。」と感謝し、お互いの心や頭の中に子どもたちのうれしそうな声やおいしそうな顔・おかわりを持ってくるその光景を思いながら作成することができました。

　今回のレシピ集の中には、食物アレルギーに対応するものもたくさん紹介しています。食物アレルギーに対応する実習をさせていただいた時、いつもの私の献立を食べてくださった保護者の方が「洋食が憧れだったんです！」「こんな食感、はじめてです！うれしいし、おいしい！」と喜んでくださった時の顔、子どもが「これ、おかわりしていいの？本当に全部食べていいの？」とおかわりをしてうれしそうに食べてくれた光景は、今でも涙が出るほど"食べることの大切さ"を実感できたうれしい瞬間でした。

　食べるということは、栄養を補給するだけではありません。「一緒に食べること」、「楽しく食べること」、「楽しく食べるからこそ『心までおいしく感じること』」が大切なのだと思っています。このレシピ集が、みなさんの手で作られる「おいしいプレゼント」として子どもたちに、いろんな年齢の方に届くことを願っています。

伴　亜紀

　発行にあたり、いろんな方々にお力添えいただきましたこと、本当にありがとうございました。

　食器提供：九セラ株式会社・国際化工株式会社（五十音順）

URL https://daiichi-shuppan.co.jp
上記の弊社ホームページにアクセスしてください。

＊データの更新や正誤等の追加情報を公表しております。
＊書籍の内容、お気づきの点、出版案内等に関するお問い合わせは「ご意見・お問い合わせ」専用フォームよりご送信ください。
＊書籍のご注文も承ります。
＊書籍のデザイン、価格等は、予告なく変更される場合がございます。ご了承ください。
＊断りなく電子データ化および電子書籍化することは認められておりません。

ごちそうさま！またつくってね！から生まれた
保育現場ですぐに役立つレシピ集

令和7(2025)年1月17日　　　初版第1刷発行

著　者　　佐井　かよ子
　　　　　伴　　亜紀

発行者　　井　上　由　香

発行所　　第一出版株式会社
　　　　　〒105-0004 東京都港区新橋5-13-5 新橋MCVビル7階
　　　　　電話 (03) 5473-3100　FAX (03) 5473-3166

印刷・製本　　大 日 本 法 令 印 刷

定価は表紙に表示してあります。乱丁・落丁本は，お取替えいたします。

© Sai, K., Ban, A., 2025

JCOPY ＜(一社)出版者著作権管理機構 委託出版物＞
本書の無断複写は著作権法上での例外を除き禁じられています。複写される場合は，そのつど事前に，(一社)出版者著作権管理機構(電話 03-5244-5088, FAX 03-5244-5089, e-mail: info@jcopy.or.jp) の許諾を得てください。

ISBN978-4-8041-1496-5　C0077

おすすめラインナップ

食物アレルギーお弁当のABC
食物アレルギーの知識と給食おきかえレシピ・アイデア集

有田孝司・高松伸枝・近藤さおり　編著
ISBN　978-4-8041-1377-7
B5判　160ページ　定価2,310円（税込）

- 幼児～小学校低学年のアレルギー患児が、他の子どもとともに美味しく楽しく、安全に昼食を食べられるよう配慮した弁当メニュー集。
- 210点のレシピを掲載し、おやつのレシピも充実。

給食実務必携

実践給食実務研究会　編
ISBN　978-4-8041-1449-1
A5判　272ページ　定価2,750円（税込）

- あらゆる施設現場の業務に即し、実務によりそう内容の資料・事例を収載。
- 提出書類、記載方法、献立作成の手順、必要栄養量計算から食品構成の出し方、献立展開、食品衛生、分析・報告書まで対応できる実務能力が身に付く1冊。

がんと戦う食べ物たち
－食事によるがん予防－

吉村悦郎　完訳・Richard Béliveau Ph.D./Denis Gingras Ph.D.　原著
ISBN　978-4-8041-1467-5
B5判　176ページ　定価3,300円（税込）

- 原著は世界累計販売数45万部、25言語に翻訳されているベストセラー。
- 皆が体内にもっている未熟な腫瘍（前がん細胞）を、成熟段階にしないためには、食生活を含めた生活習慣の質を高めることが重要である。
- 抗がん化合物の供給源となる食べ物を、がんと戦う最良の武器とする方法が、本書からみえてくる。

日本からみた世界の食文化
－食の多様性を受け入れる－

鈴木志保子　編著
ISBN　978-4-8041-1440-8
B5判　304ページ　定価3,850円（税込）

- 各国の料理を中心に写真を多数掲載誌、見て楽しく読みやすい。
- 42か国の基本情報をはじめ、駐日大使館の取材で得た食事、マナー、宗教や思想による食べ物や食べ方の制限なども解説。
- 日本を含む世界の食文化やフードダイバーシティ対応が学べる。

人間栄養学とジャパン・ニュートリション
－ひとの栄養改善への道のり－

（一財）日本栄養実践科学戦略機構　監修　中村丁次　著
ISBN　978-4-8041-1481-1
新書判　112ページ　定価1,540円（税込）

- 人類発祥の地アフリカの栄養問題から、翻って日本の栄養改善の歴史と栄養士・産業界の貢献を凝縮。
- 栄養の力で人々を健康に・幸せにすることに取り組んできた著者が、過去から現代への新たな栄養問題の軌跡を説く。

管理栄養士・栄養士必携　2025年版

公益社団法人　日本栄養士会　編
ISBN：978-4-8041-1491-0
四六判　672ページ　定価2,860円（税込）

- 管理栄養士・栄養士の業務を支えるためにあらゆる情報を掲載した一冊。
- 新しい情報を提供するため、統計調査結果、法規、栄養・食品・健康に関わる情報やガイドラインも毎年更新。
- 急な調べものや対象者への説明時、デジタルデバイスを利用できない実習時でも参照したいデータにいち早くアクセスでき、管理栄養士・栄養士の強い味方となる。

ご注文は第一出版ホームページで　●　URL　http://www.daiichi-shuppan.co.jp